스토리텔링 수학동화

2학년

우리기획 글 | 박현아 그림

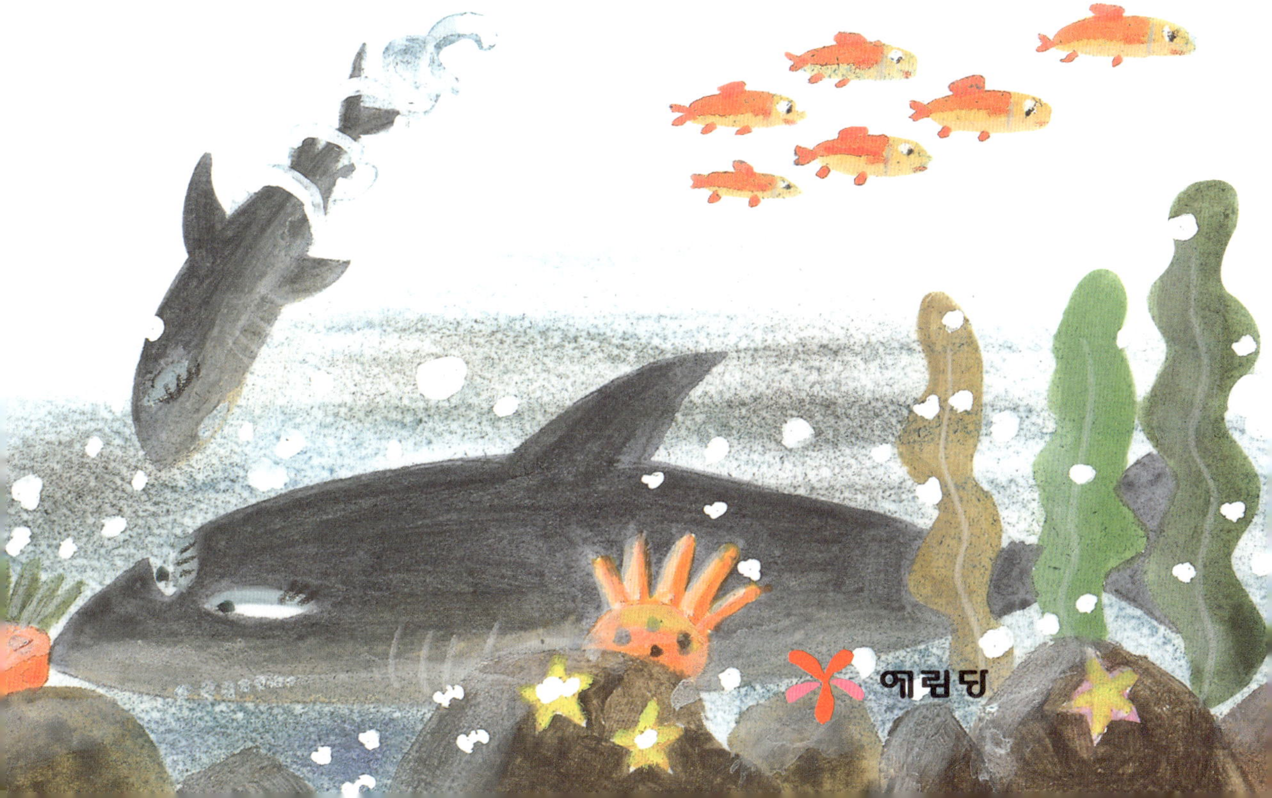

수학을 통해 생각하는 힘을 길러요

척척 암기 대왕도 수학 앞에서는 쭈뼛쭈뼛!
샬라샬라 영어 박사도 수학만 만나면 우물우물!
다 같은 공부인데 어째서 수학은 더 어렵게 느껴질까?
왜 숫자만 보면 머리가 아프고 가슴이 답답해지는 걸까?
그건 수학을 공부하는 데 필요한 능력이 다른 과목과는 조금
다르기 때문이에요. 기억력이 좋다고 몽땅 외워 버릴 수도 없고,
말을 잘한다고 입으로 풀 수도 없는 게 수학이거든요.
수학 공부에는 생각하는 힘, 즉 사고력이 필요해요.
문제를 수백 번 풀고, 번개보다 빨리 계산을 한다고 해도
왜 그런 답이 나오는지 이해하지 못하면 아무런 소용이 없지요.
《스토리텔링 수학동화》는 이야기 속에 갖가지
수학 원리를 쏙쏙 숨겨 놓았어요.
스토리를 따라가다 보면 자연스럽게 생각하는
힘을 길러 수학의 기본 원리를 깨칠 수 있지요.
이제 어렵고 따분한 수학이 아닌 신 나고
재미있는 수학을 만나 보세요.

차 례

뛰어 세기
송이와 똘이의 시합 · 6

두 자리 수의 받아올림과 받아내림
마음씨 좋은 곰 아저씨 · 14

길이 재기
키드 선장의 보물찾기 · 24

식 만들기와 문제 만들기
사고뭉치 고양이의 탐정 놀이 · 36

시계 보기
얄리의 시간 공부 · 48

여러 가지 도형
거꾸로 나라의 비밀 동굴 · 60

묶어 세기와 곱셈
괭이상어의 짝짓기 놀이 · 72

곱셈구구와 곱셈식
통닭이 빙글빙글 · 86

세 자리 수의 덧셈과 뺄셈
777단의 비밀 · 98

직육면체와 정육면체
종이 상자 친구들 · 108

세 자리 수의 받아올림과 받아내림
공룡들의 올림픽 · 118

표와 그래프
식당 사장이 된 꿀벌 마야 · 130

나누기와 나눗셈식
말썽꾸러기 하이에나 · 140

수학퀴즈 정답 · 152

뛰어 세기

송이와 똘이의 시합

"송이야, 놀자!"

똘이가 송이네 집에 놀러 왔습니다. 송이네는 과일 가게를 합니다. 마침 송이는 아빠 일을 돕고 있었습니다.

"똘이야, 너도 좀 도와줄래? 여기 있는 귤을 100개씩 세어서 상자에 담으면 되거든."

"좋아. 같이 하자."

"고마워. 그럼 왼쪽에 쌓여 있는 귤은 네가 세. 오른쪽에 쌓여 있는 건 내가 셀게."

송이와 똘이는 수북이 쌓인 귤을 세기 시작했습니다.

"우리 누가 빨리 세나 시합할까?"

똘이가 제안을 했습니다.

"좋아!"

"그럼 지금부터 시작이다! 하나, 둘, 셋, 넷……!"

똘이는 소리 내어 하나하나 귤을 세어 나갔습니다. 하지만 수가 점점 커지다 보니 조금씩 헷갈리기 시작했습니다.

"여든일곱, 여든여덟, 여든아홉……. 어휴, 힘들다. 어? 어디까지 세었더라……?"

똘이는 당황해서 송이를 보았습니다. 그런데 송이는 벌써 귤을 100개 세어 상자에 담아 놓고 또 다른 귤을 세고 있었습니다.

"어떻게 귤 100개를 벌써 셌어? 헷갈리지 않아?"

"다 비결이 있지."

"비결? 그게 뭔데?"

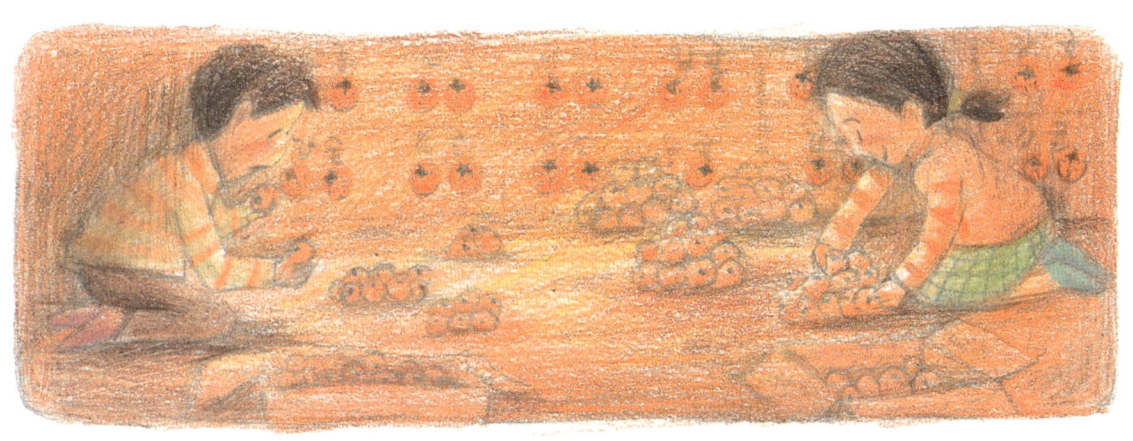

똘이가 눈을 동그랗게 뜨고 물었습니다.
"10개씩 뛰어서 세면 빠르고 쉽게 셀 수 있어."
송이는 귤을 10개씩 세어 묶음을 만들어 놓았습니다.
"너도 나처럼 해 봐. 이렇게 10개씩 모아 뛰어서 세는 거야. 별로 어렵지 않지?"
"뛰어서 센다고?"
"그래. 10, 20, 30……, 이런 식으로 말야."
송이의 말을 들은 똘이는 10개씩 묶음을 만들어 가며 열심히 귤을 셌습니다.
조금 뒤에 송이가 두 손을 번쩍 들며 외쳤습니다.
"다 셌다!"

옆에 있던 똘이도 큰 소리로 외쳤습니다.

"나도 다 셌다!"

"내가 센 건 모두 502개야. 100개씩 5상자하고 2개가 남아. 네가 센 건 몇 개니?"

송이가 물었습니다.

"응, 잠깐 기다려 봐."

똘이가 귤 상자를 가리키며 말했습니다.

"100개씩 4상자니까 400개에, 10개씩 묶음을 만들어 놓은 게 9개니까 90개, 그리고 1개짜리가 8개니까……, 귤의 개수는 모두 498개네!"

"498개? 내가 센 귤이 502개니까 더하면 1,000개. 와, 다 셌다!"

송이와 똘이가 함께 기뻐했습니다.

동화 속 수학

뛰어 세기

송이가 귤을 10개씩 묶어 센 것이 바로 뛰어 세기예요.
일정한 수만큼 하나의 묶음으로 보고 세는 것을 말하지요.

1씩 뛰어 세기

1-2-3-4-5-6-7-8-9-10

10씩 뛰어 세기

10-20-30-40-50-60-70-80-90-100

100씩 뛰어 세기

100-200-300-400-500-600-700-800-900-1000

이렇게 뛰어 세기를 하면 큰 수를 쉽고 빠르게 셀 수 있어요.

세 자리 수의 자릿값은?

자릿값이 백의 자리까지 있는 숫자를 세 자리 수라고 하지요. 245라는 수를 예로 들어 볼까요?

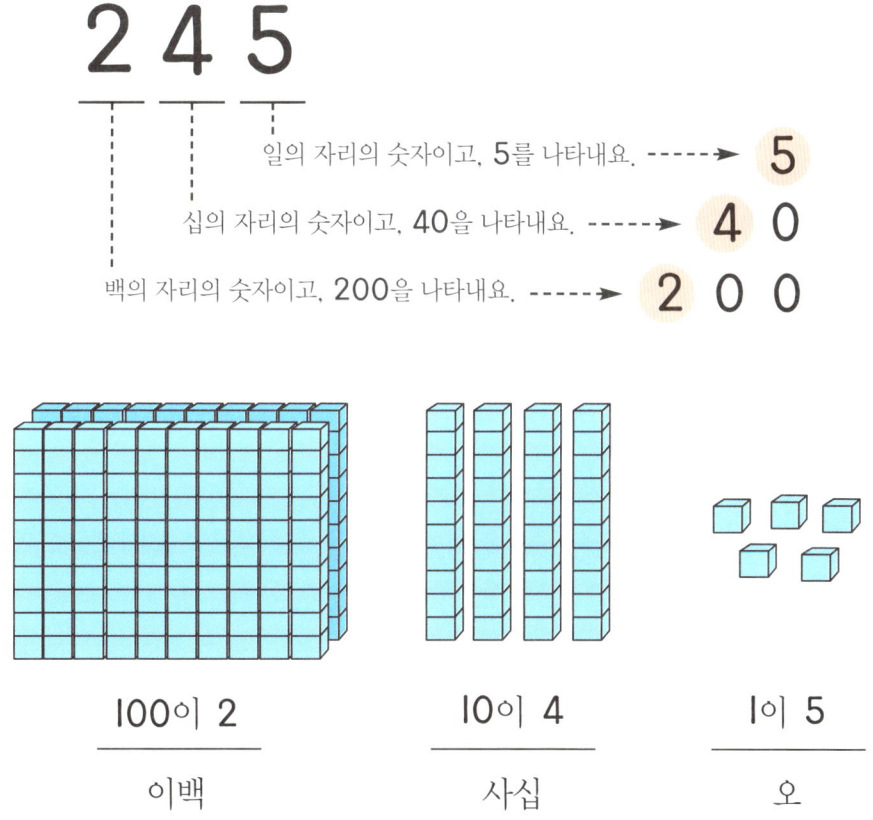

이렇게 245는 '이백사십오'라고 읽어요.

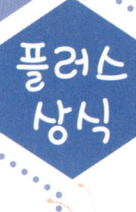

플러스 상식

숫자와 수의 차이

숫자는 수를 나타내는 표시예요.
'A, B, C'와 같은 알파벳이나
'ㄱ, ㄴ, ㄷ'과 같은 한글처럼 말이지요.
수는 양을 뜻해요. 만약 상자에 귤이
서른두 개가 있다면, 이를 32라고 쓰죠?
이때 32는 수이고, 32를 만드는 3과 2는 숫자예요.
즉, 숫자는 수를 나타내는 표시일 뿐, 그 자체로는
아무런 뜻이 없어요. '앞으로'라는 말에는 뜻이 있지만
'앞', '으', '로'라는 각각의 낱글자에는 뜻이 없는 것과
같은 이치예요.
물론 숫자 하나만 있어도 다른 표시와 함께 쓰여 양을 나타내면
'수'가 돼요. 예를 들어, 3+8과 같은 계산이나 3개, 3마리,
3킬로그램 등 단위나 표시와 함께 쓰인 3은 모두 양을
나타내므로 수가 되는 것이지요.

수학 퀴즈

경이와 돌이가 과녁에 화살 쏘기를 했어요.
각각 다섯 번씩 쏘았지요. 경이는 100점짜리 한 번,
10점짜리 세 번, 1점짜리 한 번을 쏘아 131점이 되었어요.
돌이는 다섯 번 쏜 점수를 합해 보니 221점이 되었어요.
그럼 돌이는 화살 다섯 개를 각각 몇 점짜리
과녁에 몇 번씩 맞힌 것일까요?

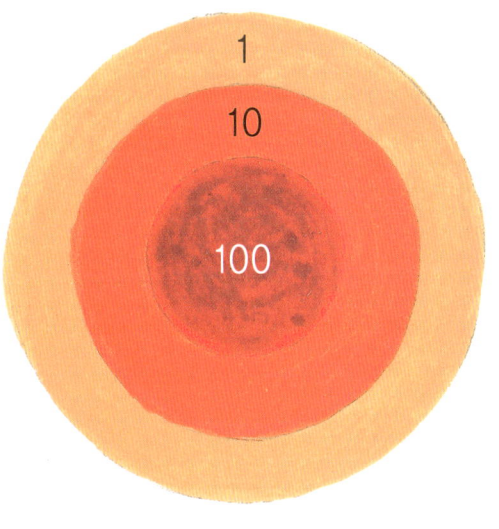

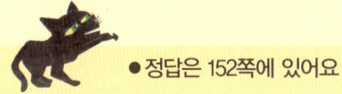

● 정답은 152쪽에 있어요

두 자리 수의 받아올림과 받아내림

마음씨 좋은 곰 아저씨

곰 아저씨가 강가에서 낚시를 하고 돌아오는 길이에요. 곰 아저씨는 기분이 좋아 흥얼흥얼 노래를 불렀지요.

룰루룰루~
낚시는 정말 즐거워.
어제도 10마리
오늘도 10마리!
내일도 10마리를
잡을 거라네.
하루에 10마리씩
월화수목금토일
일주일에 70마리,
맛있는 물고기!

그런데 길가 덤불 속에서 누군가 우는 소리가 들렸어요. 곰 아저씨가 덤불을 헤치고 들어가 보니 어린 들쥐가 혼자 울고 있었어요.

이런, 안됐구나. 몇 개나 없어졌니?

흑흑흑! 아저씨, 그동안 모아 놓은 나무 열매들이 없어졌어요.

"제가 어제 개암나무 열매 25개를 주웠어요. 그리고 오늘은 17개를 주웠어요. 이걸 모두 더하면 312개가 되잖아요. 그런데 다시 하나하나 세어 보니 42개밖에 없었어요. 엉엉엉!"

들쥐의 말을 들은 곰 아저씨는 고개를 갸웃거렸어요.

"그거 참 이상하구나. 어떻게 25개와 17개를 더했는데 312개가 나왔니?"

"먼저 2와 1을 더했죠. 그러니까 3이 됐어요. 그런 다음 5와 7을 더했어요. 이렇게요."

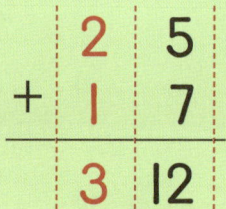

"하하하! 그것참 이상한 덧셈이로구나."

곰 아저씨가 큰 소리로 웃었어요.

"저는 속상해 죽겠는데 왜 웃으시는 거예요?"

들쥐는 곰 아저씨가 웃자 더 속상했어요. 곰 아저씨는 친절하게 설명해 주었어요.

"그건 네 덧셈 방법이 틀려서 그런 거야. 자릿수를 맞춰서 더해야 올바른 덧셈이거든. 만약 일의 자리를 더했는데 10이나 10보다 큰 수가 나오면 10은 십의 자리로 올려서 더해야 해."

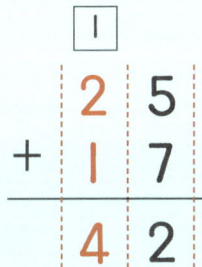

들쥐는 쑥스러워 머리를 긁적였어요.
"아, 그럼 42개가 맞는 거네요. 난 그것도 모르고……. 아저씨는 정말 수학 천재예요!"
들쥐의 칭찬에 곰 아저씨는 우쭐해졌어요.
"아저씨, 여기서 조금만 기다려 주세요."

들쥐가 갑자기 무엇인가 생각난 듯 쪼르르 달려가더니, 조금 뒤 커다란 주머니를 들고 나타났어요.

"이게 뭐야?"

"어제 건넛마을 밤나무 숲에 가서 잘 익은 밤을 따 왔거든요. 아저씨께 좀 나누어 드리려고요. 아저씨네 식구들은 7명이니까 7개 드릴게요."

"고마워, 들쥐야. 잘 먹을게."

"어제 밤 25개를 따서 7개 드렸으니까 남은 밤은, 그러니까……, 몇 개지?"

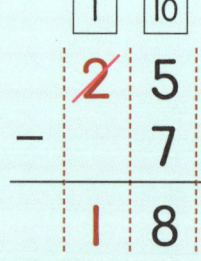

"뺄셈도 자릿수를 맞춰서 한단다. 일의 자리끼리 뺄 수 없으면 십의 자리에서 10을 빌려 와야 해."

"그럼, 이제 제가 가진 밤은 모두 18개네요?"
곰 아저씨가 빙그레 웃으며 고개를 끄덕였어요.
"참, 아저씨! 집에 호두랑 도토리랑 잣도 가득 있는데, 수학 천재 아저씨가 좀 세어 주실래요?"
"뭐라고? 그래, 그렇지. 내가 어딜 가는 길이었거든. 다음에 보자꾸나. 조심해서 가거라."
곰 아저씨는 당황한 표정으로 재빨리 자리를 떠났답니다.

동화 속 수학

받아올림이 있는 덧셈

들쥐는 오른쪽처럼 계산했지요?
그래서 312가 되었어요.
하지만 이것은 틀린 덧셈 방법이에요.
곰 아저씨가 설명했듯이 자릿수를
맞춰서 더해야 맞는 답이 나오지요.
우선 일의 자리를 더하면 5+7=12가 돼요. 그런데 12는
10과 2의 합이므로, 일의 자리에는 2만 적고,
10은 십의 자리로 받아올림을 해요.
그런 다음 십의 자리를 모두 더하는 거예요.

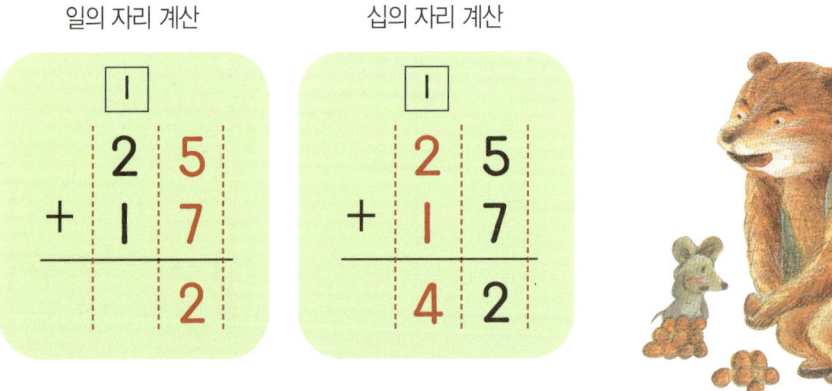

그러니까 정답은 40+2=42가 되는 것이죠.

받아내림이 있는 뺄셈

25에서 9를 빼 보세요. 일의 자리끼리 먼저 계산을 해야겠죠? 어, 그런데 5에서 9를 뺄 수가 없네요? 이럴 때는 받아내림을 하면 돼요. 십의 자리에서 10을 빌려 오는 거예요.

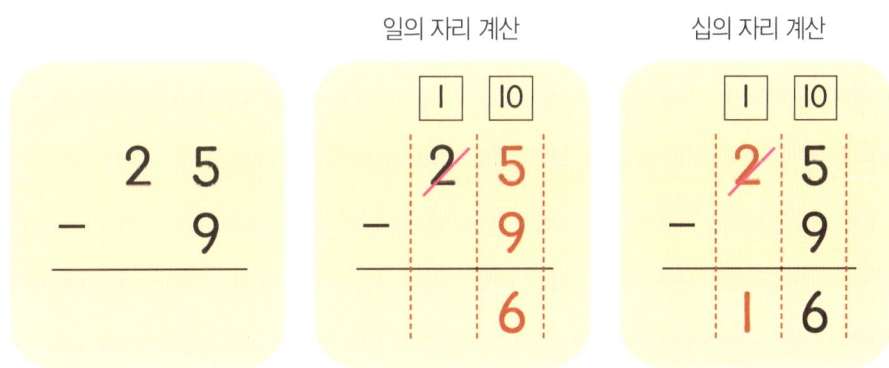

이렇게 십의 자리의 10을 일의 자리로 보내는 걸 '받아내림'이라고 해요. 십의 자리에는 받아내림을 하고 난 뒤에 남은 수를 표시해요. 20에서 10을 일의 자리로 보냈으니까 10이 남는 것이지요.

그러니까 일의 자리의 계산, (10+5)-9=15-9=6과 십의 자리에 남아 있는 10을 합해 정답은 16이 되는 거예요.

플러스 상식

신기한 덧셈

아주 신기한 계산 하나를 해 볼까요? 1부터 9까지의 숫자 중 아무것이나 세 개를 뽑아 보세요. 4, 5, 6을 뽑았다고 해 볼까요? 그럼 세 숫자를 나란히 붙여 456이라는 세 자리 수를 만들고, 세 숫자의 순서를 거꾸로 해서 654라는 수도 만들어 보세요. 그런 다음 큰 수에서 작은 수를 빼 보세요.

$$654 - 456 = 198$$

답이 나왔으면 그 답과 답의 숫자를 거꾸로 나열한 수를 더해 보세요.

$$198 + 891 = 1089$$

1089라는 수가 나오지요? 다른 세 숫자를 뽑아서 해 봐도 항상 1089라는 수가 나올 거예요. 신기하지요? 친구들과 다양한 숫자로 계산해 보세요.

친구들이 성냥개비로 다음과 같은 도형을 만들었어요. 빗금 친 부분과 같은 사각형을 모두 몇 개나 더 만들 수 있을까요? 빗금을 쳐 가면서 세어 보세요.

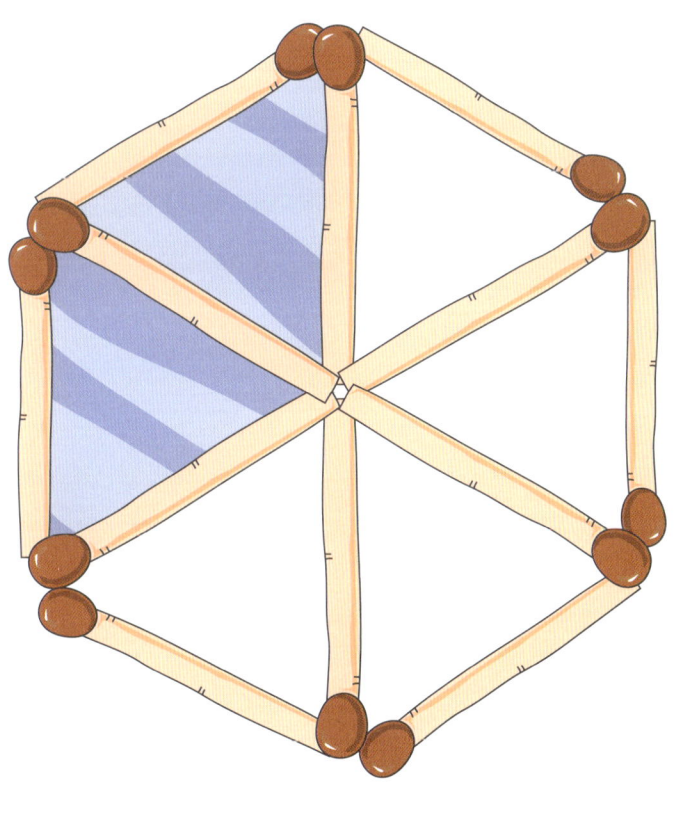

길이 재기

키드 선장의 보물찾기

"드디어 보물섬에 도착했다!"

오랫동안 보물섬을 찾아 헤매던 키드 선장과 선원들이 큰 소리로 외쳤습니다. 키드 선장은 품속에서 낡은 쪽지를 꺼내 꼼꼼히 들여다보았습니다.

1. 해변에 닿으면 숲 쪽을 바라보라.
   길이가 가장 긴 물건이 있는 쪽을 향해 걸어라.
2. 해골 바위를 지나 오솔길로 접어들어
   어림해서 50걸음 걸어라.
3. 어린이가 안아서 한 아름이 되는 나무를 찾아라.
4. 거기에서 남쪽으로 100 (경고! 100을 지키지
   않으면 함정에 빠지게 될 것이다!)

"먼저 숲 쪽을 바라보라고 했겠다?"

키드 선장은 눈을 들어 멀리 숲 쪽을 바라보았습니다. 숲 쪽에는 난파선에서 떨어져 나온 널빤지, 썩은 동아줄, 누군가 먹다 버린 바나나 껍질 등이 멀찍이 떨어져 있었습니다.

"길이가 가장 긴 물건이 어떤 걸까?"

키드 선장은 눈으로 어림짐작하여 물건들의 길이를 재 보았습니다.

널빤지와 동아줄의 길이가 바나나 껍질보다 긴 것은 확실했습니다. 그런데 널빤지와 동아줄의 길이는 비슷해서 어느 것이 긴지 잘 구분이 되질 않았습니다.

"눈으로 보아서 길이가 구별되지 않을 때는 두 물건을 마주 대어 보는 게 제일 좋지."

하지만 모래 속에 반쯤 파묻혀 있는 무거운 널빤지를 들어내는 일은 쉽지 않았습니다.

"힘들게 파낼 필요 없다. 마주 대어 비교할 수 없을 때는 각각의 길이를 잰 뒤에 서로 비교해 보는 방법도 있거든."

키드 선장은 널빤지와 동아줄의 길이를 손으로 직접 재어 보았습니다.

"동아줄 15뼘! 널빤지 12뼘이니까, 동아줄이 가장 긴 물건이야. 동아줄 방향으로 출발!"

이렇게 하여 키드 선장은 낡은 쪽지에 나와 있는 첫 번째 문제를 해결했습니다.

하지만 한참을 걸어도 해골 바위는 보이지 않았습니다. 무더위 속에서 부하들은 점점 지쳐 갔습니다. 특히 나이 많은

와탕가는 자꾸 걸음이 뒤처졌습니다.

"아이구, 서 늙은이는 도움이 전혀 안 된다니까."

와탕가는 다른 선원들에게 쓸모없는 늙은이 취급을 받고 있었습니다.

"선장님! 저기 해골처럼 생긴 바위가 나타났습니다!"

그때, 선원 중 하나가 큰 소리로 외쳤습니다. 과연 그가 가리킨 쪽을 보니 해골처럼 생긴 거대한 바위가 모습을 드러냈습니다.

갑자기 힘이 난 선원 일행은 씩씩하게 달려갔습니다. 그러고는 해골 바위를 지나 오솔길로 접어들었습니다.

"여기서부터 어림해서 50걸음을 가야 한다. 모두들 정신

차리고 한 발 한 발 걸음 수를 세어라."

선원들은 키드 선장의 말에 따라 조심조심 걸음 수를 헤아리며 앞으로 나아갔습니다.

"47, 48, 49, 50!"

제일 먼저 50걸음을 걸은 선원이 소리쳤습니다.

"어, 난 아직 48걸음밖에는 걷지 못했는데?"

"난, 49걸음!"

발걸음의 길이가 제각각이자 선원들은 어쩔 줄을 몰라 했습니다.

"쪽지에서 말하는 것은 50걸음쯤 되는 길이를 어림하라는 얘기일 뿐이다. **길이의 어림하기란 눈짐작으로 실제 길이나 거리를 대략 예상해 보라는 뜻이지.** 그러니까 50걸음보다 조금 더 걷거나 덜 걷는 것은 상관없다."

키드 선장이 의젓하게 다른 선원들을 다독였습니다.

그런데 그때 또 다른 문제가 생겼습니다. 근처에 있는 나무 둘레의 길이를 재고 온 선원들이 저마다 다른 보고를 하는 것이었습니다. 한 아름이 안 된다고 하는 사람도 있고 또

한 아름 하고도 몇 뼘이 더 남는다는 사람도 있었습니다.

선원들이 옥신각신하는 모습을 보고 있던 키드 선장이 말했습니다.

"같은 물건이라도 길이를 재는 기준이 다르면 결과가 다르게 나오는 법이다. 그럴 때는 **누구나 다 같이 쓸 수 있는 기준을 정해 사용하는 것이 편리하지. 이것을 '단위길이'라고 한다.** 쪽지에 '어린이'라고 쓰여 있으니 제일 나이 어린 선원의 팔 길이를 기준으로 나무 둘레를 재도록 해라."

이렇게 해서 세 번째 문제

도 간신히 풀었습니다. 이제 마지막 문제가 남았습니다. 하지만 이번만큼은 키드 선장도 쉽게 풀 수 없었습니다.

'남쪽으로 가라는 건 알겠는데, 100이라는 수는 무엇을 말하는 거지?'

잘못하면 선원들이 함정에 빠져 목숨을 잃을 수도 있었습니다.

"이번 단위길이는 손바닥의 한 뼘을 말하는 거야. 남쪽으로 100뼘을 재라는 거지."

"아냐, 발걸음의 길이 아니면 칼 길이가 틀림없어."

키드 선장은 선원들의 주장에 따라 각각 다른 단위길이로 100의 길이를 재게 했습니다. 그러자 쪽지의 경고대로 선원들이 함정에 빠져 다치는 일이 발생했습니다. 선원들이 주장한 단위길이대로 100만큼 가 보면 그곳에는 함정이 있었던 것입니다.

이것을 지켜보고 있던

와탕가가 조용히 말했습니다.

"내 생각에는 100이 100센티미터를 말하는 것 같군."

와탕가의 말을 들은 키드 선장이 무릎을 쳤습니다.

"그래, 바로 그거였어! 아, 내가 왜 그 생각을 못했지? 단위길이에 대한 힌트가 하나도 없는 걸 보면 센티미터가 분명해. 어서 배에 가서 자를 가져와라!"

'진작 와탕가의 지혜를 빌렸어야 했는데, 늙은이라고 무시하기만 했으니……, 내가 어리석었어.'

키드 선장은 몸을 다친 선원들에게는 미안하고, 와탕가에게는 부끄러운 마음이 들었습니다.

동화 속 수학

단위길이와 센티미터(cm)

길이를 잴 때는 누구나 알 수 있는 기준을 정하는 것이 좋아요. 한 뼘, 한 걸음, 한 아름과 같이 어떤 길이를 재는 데 기준이 되는 길이를 단위길이라고 해요.

하지만 한 뼘이라고 해도 나의 한 뼘과 친구의 한 뼘은 다르기 때문에 키드 선장 일행처럼 문제가 생길 수 있어요. 그래서 길이를 재는 세계적인 기준으로 센티미터(cm)라는 단위를 사용한답니다.

여러분이 사용하는 자에서 큰 눈금 한 칸의 길이가 바로 **1센티미터(cm)** 예요. 1센티미터의 눈금 100개가 모이면 **1미터(m)** 가 돼요.

$$100cm = 1m$$

여러분이 직접 물건을 정해서 눈으로 길이를 어림해 보세요. 그런 뒤 자의 센티미터 눈금을 이용하여 다시 한 번 길이를 재 보세요. 그러면 센티미터라는 단위길이가 얼마나 정확하고 편리한지 알 수 있을 거예요.

길이의 덧셈과 뺄셈은 어떻게 할까?

길이의 덧셈, 뺄셈도 보통 수의 덧셈, 뺄셈처럼 계산하면 돼요. 예를 들어 35cm와 40cm를 더한다고 할 때는 다음과 같이 식을 세우면 돼요.

$$35cm + 40cm = 75cm$$

수는 그대로 계산하고 단위만 붙여 주면 되는 거예요.
단, 미터와 센티미터가 함께 나오는 계산에서는 미터는 미터끼리, 센티미터는 센티미터끼리 더하거나 빼야 해요.
예를 들어, 2m 35cm와 1m 10cm를 더한다면,

$$\begin{array}{r} 2m\ 35cm \\ +\ 1m\ 10cm \\ \hline 3m\ 45cm \end{array}$$

이렇게 같은 단위끼리 따로 계산해야 하지요.

미터법은 언제 생겼을까?

옛날 우리나라에서는 길이를 나타낼 때 치, 자, 척과 같은 단위를 사용했어요. 미국 등 다른 나라에서는 인치, 피트 같은 단위를, 그 밖에 다른 나라들도 나름의 독특한 단위를 썼지요. 이렇게 나라마다 길이를 재는 기준이 다르다 보니 불편한 점이 많아서 표준을 정하게 되었어요.
센티미터(cm)와 미터(m)로 길이를 재는 미터법은 18세기 후반 프랑스에서 만들어졌어요. 당시 프랑스 파리과학아카데미라는 곳에서 세계인이 공통으로 사용할 수 있는 기준을 정하기로 하고 미터법을 발명했지요.
1미터는 '지구 한 바퀴의 길이를 4,000만 개로 나누었을 때의 한 조각'을 말해요. 당시 과학자들은 1미터의 기준을 정하기 위해 지구 한 바퀴를 40개로 나눈 거리에 있는 프랑스 당게르크 지방과 스페인 바르셀로나 지방 사이의 거리를 무려 6년 동안이나 재고 또 재고 했다네요.

수학 퀴즈

폭이 10미터인 강이 있어요.
병사들이 이 다리를 건너기 위해 통나무 다리를
놓기로 했어요. 병사들은 숲에 가서
5미터짜리 통나무 1개, 1미터짜리 통나무 2개,
50센티미터짜리 통나무 3개를 가지고 왔어요.
통나무를 모두 연결해 보니 다리가 강의 폭보다
조금 짧았어요. 1미터짜리 통나무와 50센티미터짜리
통나무 몇 개를 더 가져와야 통나무 길이와
강의 폭이 같아질까요?

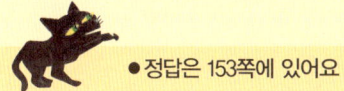

● 정답은 153쪽에 있어요

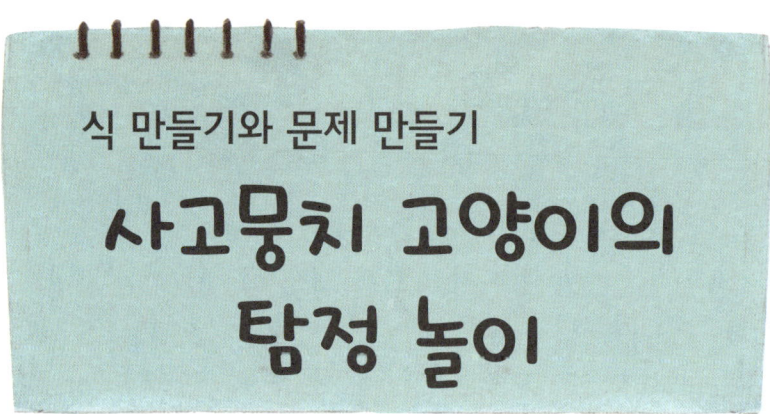

식 만들기와 문제 만들기
사고뭉치 고양이의 탐정 놀이

"뭐라고? 불도그가 뼈다귀를 도둑맞았다고?"
"정말이야? 누가 그 무시무시한 불도그의 뼈다귀를 훔쳤단 말이야?"
정육점에 사는 개 불도그가 뼈다귀를 도둑맞자 마을의 동물들은 모두 긴장했습니다.

"내가 얼마나 아끼던 뼈다귀들인데!"

불도그는 화가 나서 으르렁거렸습니다. 하지만 마을의 최고 사고뭉치 고양이는 조용히 웃었습니다.

'이 사건을 해결해서 친구들에게 점수를 따야지!'

고양이는 불도그에게 가서 자기가 범인을 잡겠다고 말했습니다.

"널 믿어도 될까?"

불도그가 의심스러운 눈초리로 물었습니다.

"걱정하지 마세요. 내가 머리 하나만큼은 좋거든요!"

고양이는 자신만만하게 대답했습니다.

"내 뼈다귀는 그저께까지 14개, 오늘 아침에는 21개가 있었어. 그런데 점심을 먹고 돌아와 보니까 글쎄……."

"저, 잠깐만요! 그저께까지 14개가 있었는데, 오늘 아침에는 21개가 있었다고요? 그럼 뼈다귀들은 어떻게 많아진 거예요?"

"그야 어제 주인아저씨가 더 준 거지. 근데, 아저씨가 몇 개를 더 줬더라?"

불도그가 고개를 갸웃거렸습니다.

"안 되겠다! 뼈다귀 개수를 땅바닥에 그려 봐야지."

한참을 생각하던 불도그는 땅바닥에 뼈다귀 그림을 그리기 시작했습니다. 이것을 보고 있던 고양이가 답답한 듯 말했습니다.

"그보다 더 좋은 방법이 있잖아요."

"더 좋은 방법?"

"모르는 어떤 수를 □나 △, ○로 표시한 다음 식을 만들어 풀면 쉬워요."

"식? 그걸 어떻게 만드는 건데?"

불도그가 모르겠다는 표정을 짓자 고양이가 땅바닥에 식을 쓰며 설명을 시작했습니다.

"자, 이걸 잘 보세요. 그저께까지 있던 뼈다귀가 14개, 어

제 주인아저씨가 준 게 □개, 그리고 오늘 아침까지 있던 것은 21개잖아요. 그러니까 이렇게 만들면 돼요."

$$14 + \square = 21$$

"호오~ 그렇구나."
"자, 14개에 몇 개를 더해야 21개가 되죠?"
"21과 14의 차이는 7이니까, 7개가 더 있으면 돼."
"그럼 어제 주인아저씨가 준 뼈다귀는 모두 7개네요."
"와, 신기하다! 넌 어떻게 그런 걸 다 아니?"
"흠, 별것 아녜요. 모르는 어떤 수를 구할 때, 식을 만들어 풀면 편리하니까요."

"그래. 어쨌든 점심을 먹고 돌아와 보니 뼈다귀가 15개밖에 없는 거야! 으, 아까운 내 뼈다귀!"

"그랬군요. 그럼 없어진 뼈다귀는 모두 몇 개죠?"

"그, 글쎄……. 아, 그렇지. 식을 만들어 풀어 보면 되지? 아침에 있던 뼈다귀 21개에서 □개가 없어지고 남은 게 15개니까 이렇게 하면 되겠다."

$$21 - \square = 15$$

"21에서 6을 빼야 15가 되니까, 없어진 뼈다귀는 모두 6개네. 맞지?"

"맞아요. 불도그 씨의 수학 실력도 대단한데요."

"내가 생각해 봤는데 뼈다귀 도둑은 네거리 식당에 사는 셰퍼드가 틀림없어."

"셰퍼드가 범인이라고요?"

"그래! 녀석은 늘 내 뼈다귀를 노리며 군침을 흘렸거든!"

불도그는 주먹을 불끈 쥔 채 부르르 몸을 떨었습니다. 고양이는 그 길로 셰퍼드를 찾아갔습니다.

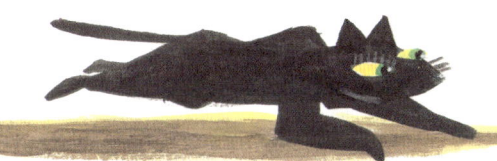

"불도그, 이 나쁜 녀석! 감히 나를 의심하다니!"
불도그의 말을 전해 들은 셰퍼드는 이를 갈았습니다.
"셰퍼드 씨는 그동안 뼈다귀를 많이 모아 놨다고 친구들한테 자랑했다던데요?"
"그건 사실이야. 그래서 난 불도그 녀석의 뼈다귀를 훔칠 이유가 없어."
"셰퍼드 씨가 모은 뼈다귀는 모두 몇 개인데요?"
"30개나 있었지. 하지만 불쌍한 어린 늑대를 만나서 몇 개를 선물로 주었더니 15개가 되었어. 그 뒤 식당 주인이 5개를 더 주었고, 그걸 예전에 있던 것과 모두 합쳐 보니……, 음, 몇 개가 되었더라……."
"정말 복잡하네요. 늑대에게 준 건 몇 개이고, 마지막에 남아 있던 건 또 몇 개죠?"
"네가 탐정이라며? 그럼 스스로 알아내야지."
셰퍼드는 고양이를 비웃었습니다.
"만약 내가 문제를 풀면 셰퍼드 씨의 뼈다귀 창고를 조사할 수 있도록 해 주시겠어요?"
"그렇게 하렴."

셰퍼드는 자신 있다는 표정으로 대꾸했습니다.
"이런 경우 식을 만들어서 풀면 돼요. 원래 30개 있었는데 늑대에게 몇 개를 주고 나니 15개가 되었다고 했죠?"
고양이는 부지런히 식을 만들어 문제를 풀었습니다.

$$30 - \square = 15$$

"30과 15의 차이는 15니까 늑대에게 준 뼈다귀는 모두 15개예요. 거기에 식당 주인이 준 5개를 더하면 남아 있는 뼈다귀는 모두 20개네요."
"으악! 그렇게 복잡한 계산을 어떻게 했지?"
셰퍼드는 깜짝 놀라 부르짖었습니다.

"약속대로 뼈다귀 창고를 보여 주셔야죠?"
"엇흠, 약속이니 어쩔 수 없군!"
셰퍼드는 쭈뼛대며 고양이와 함께 창고로 갔습니다.
"하나, 둘, 셋, 넷……, 스물! 스물하나, 스물둘, 스물셋, 스물넷, 스물다섯, 스물여섯!"
셰퍼드의 얼굴빛이 점점 흙빛으로 물들어 갔습니다.
"당신의 뼈다귀는 20개만 있어야 해요. 그런데 26개나 돼요. 불도그 씨가 잃어버린 뼈다귀의 수가 6개죠. 그러니까 범인은 바로 당신이에요!"
"허걱!"
셰퍼드는 꼬리를 내린 채 쏜살같이 도망쳐 버리고 말았습니다.

동화 속 수학

식은 어떻게 만들까?

접시에 피자가 **10조각** 있어요. 철수가 몇 조각을 먹었더니 **4조각**이 남았지요. 철수는 몇 조각을 먹었을까요?

이런 문제는 어떤 수를 □로 표시하고 식을 만들면 쉽게 풀 수 있어요. 여기서 모르는 수는 철수가 먹은 조각 수니까 이걸 □로 두고 식을 세우면 다음과 같아요.

10 − □ = 4
□ = 6

철수가 먹은 피자는 6조각이네요. 식을 세울 때는 어떤 걸 □로 할지 문제의 내용을 잘 파악해야 해요.

식을 보고 문제 만들기

문제를 보고 식을 만들 수도 있지만, 반대로 식을 보고
문제를 만들 수도 있어요. 식을 보고 문제 만들기 연습을 하면
문제를 보고 식을 세우기가 한결 쉬워지지요.
7+□=11이라는 식이 있어요. 이 식을 가지고 여러 가지
문제를 만들 수 있답니다.

1. 연못에 물고기 **7마리**가 있습니다. 연못을 돌보는 아저씨가 물고기 몇 마리를 더 넣었더니 **11마리**가 되었습니다. 아저씨가 연못에 넣은 물고기는 모두 몇 마리일까요?

2. 접시에 사탕이 **7개** 있습니다. 엄마가 몇 개를 더 올려놓았더니 모두 **11개**가 되었습니다. 엄마가 올려놓은 사탕은 몇 개일까요?

3. 운동장에 자전거가 **7대** 세워져 있습니다. 몇 대의 자전거를 더 세워 놓았더니 모두 **11대**가 되었습니다. 나중에 세워 놓은 자전거는 모두 몇 대일까요?

여러분도 식을 세우고, 그에 맞는 문제를 만들어 보세요.

1부터 100까지 더하기

독일의 한 수업 시간, 선생님이 한 가지 문제를 냈어요.
"1부터 100까지의 수를 모두 더해 보아라!"
1+2+3+4+5+6+7……
아이들은 계산을 시작했어요. 그런데 5분도 채 지나지 않았을 때 가우스라는 소년이 손을 번쩍 들며 말했어요.
"답은 5050입니다!"
놀랍게도 정답이었어요. 가우스는 어떻게 계산한 것일까요?
가우스는 1과 100, 2와 99, 3과 98을 더했어요. 이런 식으로 모든 수를 더하니 합이 101이 되는 100개의 짝이 만들어졌어요. 그런데 이건 1에서 100까지 두 번 더한 셈이므로, 가우스는 101×50을 했어요. 그러면 답은 정확히 5050이 나오지요.
소년 가우스는 커서 훌륭한 수학자가 되었답니다.

$$
\begin{array}{r}
1 + 2 + 3 + \cdots + 98 + 99 + 100 \\
+)\,100 + 99 + 98 + \cdots + 3 + 2 + 1 \\
\hline
101 + 101 + 101 + \cdots + 101 + 101 + 101
\end{array}
$$
$\rightarrow 101 \times 50 = 5050$

다음의 수 피라미드는 밑에서부터 일정한 규칙에 따라 쌓이고 있어요. 규칙을 찾은 다음 ①과 ②에 어떤 수가 들어가야 할지 써 보세요.

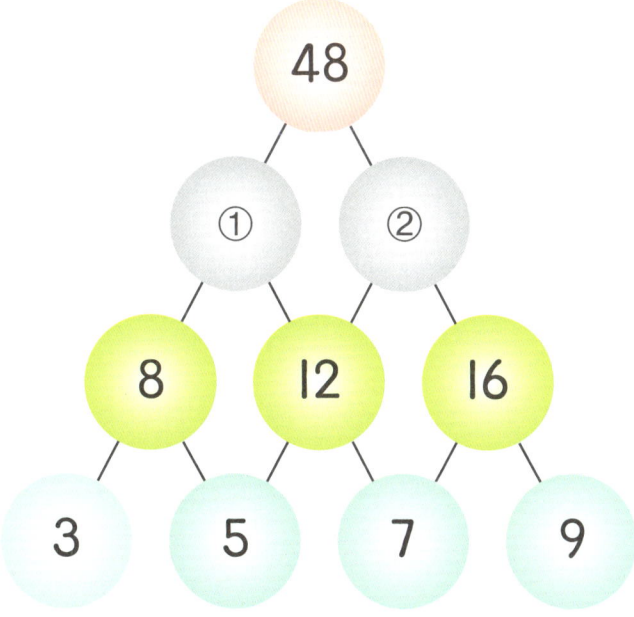

● 정답은 154쪽에 있어요

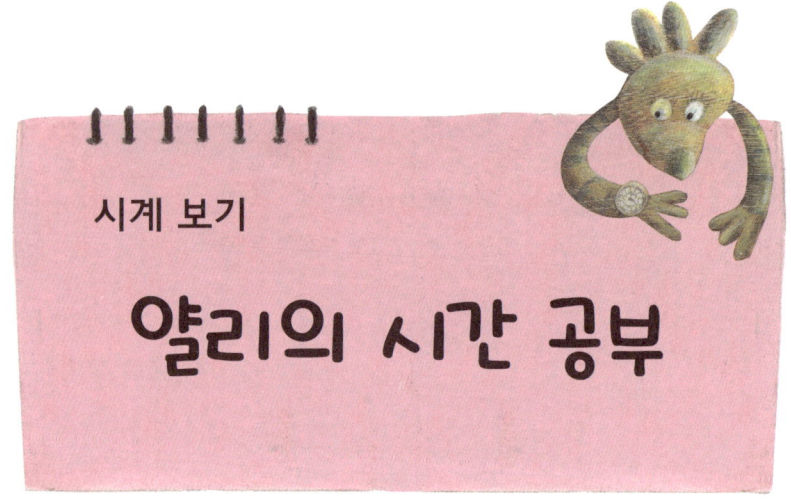

시계 보기

얄리의 시간 공부

"아~함, 잘 잤다!"

여기는 비룡산 기슭의 작은 동굴. 잠에서 깬 얄리는 두 팔을 힘껏 뻗으며 기지개를 켰습니다.

얄리는 외계인인데 비행접시가 고장 나는 바람에 지구에서 살게 되었습니다. 다행히 태희와 태우를 만나 비룡산 기슭에 지낼 만한 동굴을 마련했지요.

"지금이 몇 시지?"

얄리는 태희에게서 선물 받은 손목시계를 보았습니다.

"짧은바늘은 11에 있고, 긴바늘은 숫자 1을 지나서 두 번째 눈금에 있네."

얄리는 고개를 갸웃거렸습니다.

"맞아! 짧은바늘은 '시', 긴바늘은 '분'이라고 했지? 숫자와 숫자 사이에 있는 작은 눈금 하나는 1분을 가리키고, 긴바늘이 숫자 하나씩을 가리킬 때는 5분씩 커진다고 했으니까……, 그래! 지금 시각은 11시 7분이야!"

얄리는 흐뭇하게 미소 지었습니다. 이제 자기도 지구인이 다 된 듯 느껴졌기 때문입니다.

"그런데 이상하다. 오늘 태희랑 태우하고 무슨 약속을 했

던 것 같은데?"

얄리는 또다시 고개를 갸웃거렸습니다.

"참, 오늘 12시까지 태희네 집으로 오라고 했었지?"

얄리는 서둘러 동굴을 나섰습니다. 밖에 나와 보니 하늘엔 별이 떠 있고 숲은 어두웠습니다. 하지만 밤눈이 밝은 얄리는 거침없이 앞으로 나아갔습니다.

"이제 다 왔군. 슈퍼마켓을 지나서 우체통이 있는 골목으로 들어가서……."

얄리는 정확히 12시에 태희네 집 대문 앞에 도착했습니다. 하지만 아무리 기다려도 태희와 태우는 안 나타났습니다.

"어떻게 된 걸까? 지금 몇 시나 됐지?"

얄리는 손목시계를 보았습니다. 시곗바늘이 1시 20분을 가리키고 있었습니다.

"시각은 시곗바늘이 가리킨 한 때를 말하고, 시간은 어떤 일이 시작되어 끝난 시각까지를 말하니까……. 내가 도착한 시각은 12시, 지금 시각은 1시 20분. 그러니까 내가 태희와 태우를 기다린 시간은 1시간 20분이 되는구나."

얄리는 태희가 가르쳐 준 것을 되새겨 보았습니다.

10분, 20분, 30분이 흐르고……, 어느 결에 얄리는 대문에 기댄 채 스르르 잠이 들고 말았습니다.

얄리는 이상한 소리에 눈을 번쩍 떴습니다.

"여기가 낮에 봐 두었던 집이야. 어서 담을 넘자!"

수상한 목소리에 얄리는 화들짝 놀랐습니다. 시커먼 두 그림자가 태희네 집 담을 넘으려 하고 있었습니다.

'이 사람들은 아무래도 나쁜 사람들 같아.'

얄리는 재빨리 주머니를 뒤져 광선총을 꺼냈습니다.

"이 총을 받아라! 이얍!"

"으아악~!"

얄리가 쏜 광선총에 그림자들은 힘없이 쓰러졌습니다. 그림자 사람들은 태희네 집에 물건을 훔치러 온 도둑들이었습니다. 수상한 고함 소리에 놀란 이웃의 신고를 받고 경찰차가 왔습니다.

시끄러운 소리에 태희와 태우도 잠에서 깨어 잠옷 바람으로 밖으로 나왔습니다.

"얄리! 네가 웬일이야?"

태희와 태우가 놀란 얼굴로 물었습니다.

"왜 약속을 안 지켜? 12시부터 기다렸단 말야."

얄리가 잔뜩 볼멘소리로 말했습니다.

"뭐? 우린 아까 낮 12시에 너를 기다렸는걸?"
태희와 태우가 어이없다는 듯 되물었습니다.
"나도 12시에 왔는데……."
얄리의 말을 듣고 고개를 갸웃거리던 태우가 다시 말했습니다.
"아, 알았다. 얄리 너 밤 12시에 왔구나. 우리가 약속한 건 낮 12시인데 말야."

"그게 무슨 말이야?"
태우의 설명에 얄리가 뒤통수를 긁적이며 물었습니다.
"미안해, 얄리! 하루는 24시간이기 때문에 시곗바늘은 하루에 12시를 두 번 가리켜. 우리는 낮 12시에 널 기다렸고, 넌 밤 12시에 우릴 찾아온 거야."
"난 그것도 모르고 너희가 약속을 잊어버린 줄 알았어."
"약속을 잊을 리가 있겠니? 우린 영원한 우정을 약속한 친구인데."
"맞아, 맞아!"
얄리와 태희, 태우는 밝아 오는 새벽 하늘을 향해 커다랗게 웃음을 터뜨렸습니다.

동화 속 수학

시각 읽기

보통 시계는 짧은바늘과 긴바늘, 숫자와 눈금으로 이루어져 있어요. 시계의 긴바늘은 분을, 짧은바늘은 시를 나타내지요. 짧은바늘이 어떤 숫자를 가리킬 때는 2시, 4시, 7시와 같이 숫자 그대로를 말하면 돼요. 짧은바늘로 시간을 읽을 때는 작은 눈금은 신경 쓰지 않아도 돼요. 긴바늘이 숫자를 가리킬 때는 숫자가 하나씩 커질수록 시간은 5분씩 흘러가요. 아래 표를 보세요. 긴바늘이 숫자 4를 가리키고 있다면 20분, 7을 가리키면 35분이 되는 걸 알 수 있어요.

숫자	12	1	2	3	4	5	6	7	8	9	10	11
분	0	5	10	15	20	25	30	35	40	45	50	55

숫자 사이의 작은 눈금 하나는 1분을 가리키니까, 만약 긴바늘이 숫자 4를 지나 세 눈금만큼 더 지난 곳을 가리키고 있다면 20분+3분=23분이 되는 것이랍니다.

달력을 보면 무엇을 알 수 있을까?

하루는 24시간, 1년은 12개월로 이루어져 있지요.
그리고 1달은 보통 30일이나 31일로 이루어져 있어요.
2월은 보통 28일이지만 4년마다 한 번씩 29일이 되기도 해요.
2월이 29일까지 있는 달을 '윤달'이라고 하고,
윤달이 낀 해를 '윤년'이라고 부르지요.
그러니까 1년은 365일인데, 윤년인 해에는 1년이 366일이
되는 거예요. 또 1달은 보통 4주~5주로 나뉘고, 1주일은
월, 화, 수, 목, 금, 토, 일요일까지 7일로 되어 있어요.
아래 달력에서 동그라미 친 날은 어떻게 표현할까요?

'2012년 7월 10일 화요일'
이라고 말하지요.
달력을 보면 **년, 월, 일, 요일**'을
모두 알 수 있답니다.

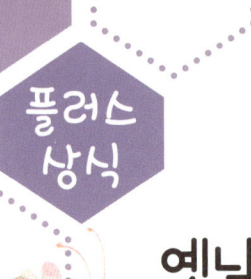

플러스 상식

옛날 사람들은 어떤 달력을 사용했을까?

1년이 365일로 정해진 것은 언제부터일까요? 지금부터 5천 년 전, 중동 지방의 바빌로니아에서는 태양의 위치가 조금씩 달라지다가 어느 순간이 되면 다시 제자리로 돌아간다는 사실을 발견했어요. 그 기간이 대략 360일 정도가 된다는 것도 알아냈지요. 이렇게 바빌로니아 사람들은 1년을 360일로 정하게 되었어요. 그리고 태양 모양의 원을 만들고, 그 원을 360개로 똑같이 나누었어요. 이 달력이 세계 최초의 달력인 셈이에요.

그로부터 1천 년 뒤, 이집트에서 달력이 만들어졌어요. 이집트 사람들은 나일 강의 홍수가 일정한 기간마다 되풀이된다는 걸 발견하고, 그 기간이 365일 6시간 정도 된다는 것을 알아냈어요. 그래서 이집트 사람들은 365일을 1년으로 정했어요. 또 1년을 12달로 나누고, 나머지 6시간은 따로 모아 두었다가 1460년째에 1년을 덤으로 만들었어요. 당시 이집트 사람들의 달력과 지금의 달력은 한 달에 50초밖에 차이가 나지 않는다고 하니, 정말 놀라운 일이죠?

수학퀴즈

8월은 송이의 생일이 있는 달이에요.
지후는 송이의 생일에 초대를 받았어요.
그런데 송이의 생일은 지후 아빠의 생일로부터
꼭 일주일 뒤예요. 지후 아빠의 생일은 8월 10일이지요.
아래 달력과 시계를 보고 송이의 생일 날짜와
생일 파티가 열리는 시각을 맞혀 보세요.

(1) 송이의 생일은 몇 년 몇 월 며칠 무슨 요일일까요?
(2) 생일 파티가 열리는 시각은 몇 시 몇 분일까요?

● 정답은 154쪽에 있어요

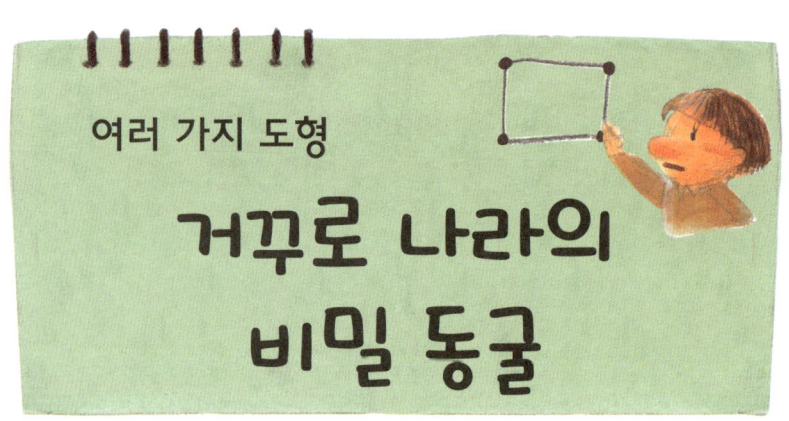

여러 가지 도형

거꾸로 나라의 비밀 동굴

"여기가 분명합니다."

똑바로나라에서 온 흑기사와 하인 산초는 거꾸로나라의 어느 동굴 안으로 다급하게 들어갔어요.

거꾸로나라와 똑바로나라는 서로 원수 사이예요. 얼마 전, 거꾸로나라에서 똑바로나라의 공주를 납치해 갔어요. 공주

분명 이 안에 공주님이 갇혀 계실 겁니다.

흑기사와 산초가 동굴 속을 들어가다 보니 커다란 철문이 나왔어요. 그리고 문 앞에는 이런 글이 쓰여 있었어요.

자물쇠에 점 7개가 찍혀 있다. '선분'을 이용하여 '삼각형'과 '사각형'을 그리면 문이 열릴 것이다!

삼각형은 3개의 선분으로
둘러싸이고 꼭짓점이 3개인 도형이에요.
다시 말해 3개의 점을 꼭짓점으로
삼아서 선분으로 연결하면
삼각형이 되는 거죠.

사각형도 같은 이치예요.
4개의 선분으로 둘러싸인
꼭짓점을 4개 가진
도형이 사각형이에요.

흑기사와 산초는 자물쇠에 있는 점 7개를 이용해 삼각형과 사각형을 그렸어요. 그러자 육중한 철문이 '쿠쿠쿵' 하면서 열렸어요.

63

 흑기사와 산초는 철문 안으로 들어갔어요. 하지만 공주는 보이지 않고 동굴이 다시 구불구불 끝도 없이 이어졌어요.
 "얼마나 더 가야 하지?"
 흑기사가 산초에게 물었어요.
 "어, 저기 뭐라고 쓰여 있어요!"
 산초가 가리키는 곳을 보니 사각형 나무판에 '곰'이라는 글자가 커다랗게

쓰여 있었어요.

흑기사와 산초는 고개를 갸웃거렸어요.

흑기사와 산초는 답을 찾지 못해 머리가 아팠어요. 그런데 '곰'이라는 글자를 뚫어지게 쳐다보던 산초가 무릎을 탁 쳤어요. 그러더니 사각형 나무판을 거꾸로 놓았어요.

이건 '문'이란 글자잖아?

여긴 거꾸로나라니까 글자를 거꾸로 보면 되는 거였어요. 이 문을 열면 틀림없이 공주님이 계실 거예요.

　흑기사는 떨리는 마음으로 문을 밀어 보았어요. 그러자 문이 스르르 열리면서 방이 나타나고 두 사람이 그토록 찾던 공주가 초롱초롱한 눈망울로 서 있었어요.
　이렇게 해서 흑기사와 산초는 공주를 구출해 똑바로 나라로 무사히 돌아왔답니다. 훌륭한 공을 세운 흑기사와 산초가 큰 상을 받은 건 물론이지요.

동화 속 수학

선분과 직선의 차이

두 점을 곧게 이은 선을 선분이라고 하고, 선분을 양쪽으로 끝없이 늘인 곧은 선을 직선이라고 하지요.

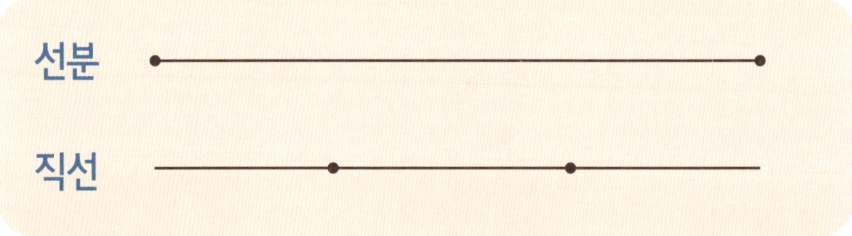

선분과 직선은 둘 다 구부러지지 않고 곧게 이어진 선이라는 공통점을 갖고 있어요. 하지만 선분은 정해진 두 점 사이를 잇는 선이고, 직선은 선분의 양쪽에 있는 점을 지나서 양쪽 끝을 향해 한없이 달려가는 선이에요.
즉, 선분은 점에서 시작해서 점에서 끝나는 선이지만, 직선은 영원히 끝나지 않는 선이라고 할 수 있지요.

원은 어떤 도형일까?

삼각형과 사각형은 모두 꼭짓점과 변으로 이루어져 있지만 원은 꼭짓점도 변도 없고 굽은 선으로만 이루어진 도형이에요. 좀 더 자세히 말하면 어떤 점 ㉠에서 출발하여 둥그렇게 굽은 선을 지나서 다시 ㉠에서 끝나는 도형이 원이지요.

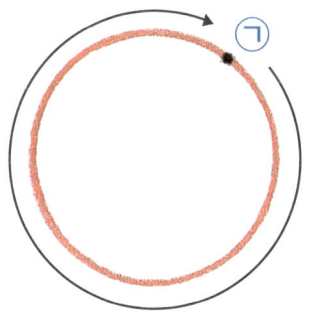

원은 원인데 아래, 위 또는 옆으로 긴 모양의 원도 있지요? 이런 원은 타원이라고 부른답니다.

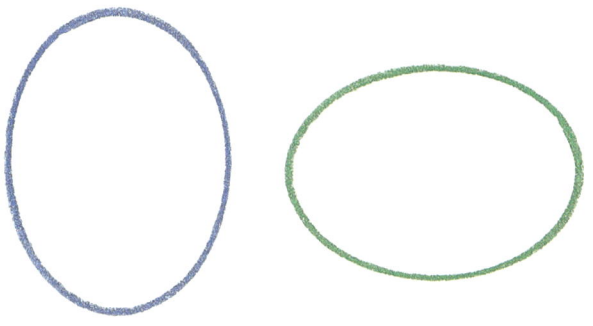

황금 직사각형

황금 직사각형이라는 말을 들어본 적 있나요?
황금 직사각형은 사람의 눈으로 봤을 때, 가장 아름다워 보이는 가로 세로의 비율을 가진 직사각형을 말해요. 이 비율을 '황금 비율'이라 부르는데, 황금 직사각형이라는 이름도 거기서 유래했지요.

'황금 비율'은 세로와 가로의 비율이 약 162 대 100이에요. 기원전 4세기, 그리스의 수학자 에우독소스가 처음 발견했고, 근대에 와서 유명한 이탈리아의 화가 레오나르도 다 빈치가 이름을 붙였어요.

이 '황금 비율'은 지금도 그림이나 조각, 건축 등에 많이 활용되고 있답니다.

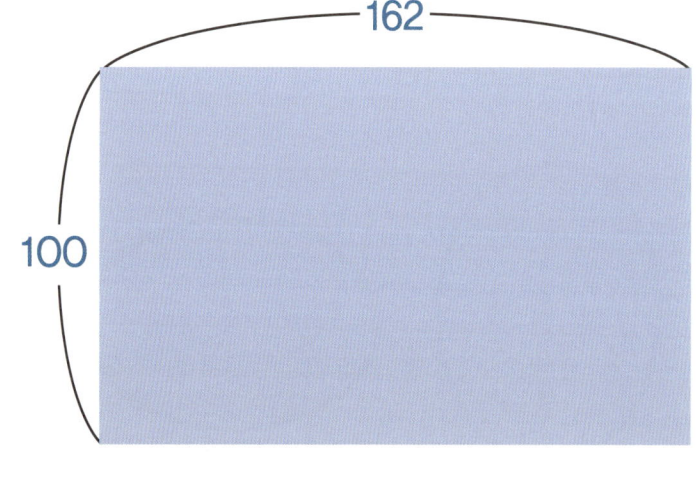

수학퀴즈

아래에 있는 **점 9개**를 모두 지나도록
직선 4개를 그려 보세요.
한 번에 직선 4개를 그리는 것이 아니니까
연필을 떼고 자유롭게 그려 보세요.

● 정답은 155쪽에 있어요

묶어 세기와 곱셈
괭이상어의 짝짓기 놀이

어린 괭이상어 한 마리가 혼자 울고 있어요.

"흑흑, 흑흑, 너무 슬퍼."

"이게 누구냐? 괭이상어 아니냐? 왜 우는 거야?"

"흑흑, 아무도 저랑 놀아 주질 않아요."

괭이상어는 아주 어렸을 때, 한쪽 지느러미를 다쳤습니다. 그 때문에 똑바로 헤엄치려 해도 몸이 팽그르르 자꾸만 팽이처럼 돌았지요. 그러자 친구들은 괭이상어를 놀려 대고 함께 놀려고 하지 않았어요.

"저런 쯧쯧! 친구가 다쳐서 몸이 좀 불편한 걸 가지고 그래서야 쓰나!"

백상아리 할아버지는 괭이상어가 딱하게 느껴졌습니다.

"할아버지가 재미있는 짝짓기 놀이를 가르쳐 줄 테니까 친구들이랑 한번 해 보면 어떨까?"

백상아리 할아버지가 좋은 생각이 났다는 듯 눈을 찡긋거렸습니다.

"짝짓기 놀이요?"

"그래, 곱셈 짝짓기 놀이라는 거야. 놀이를 재미있게 하려면 우선 '묶어 세기'를 알아야 해."

"곱셈? 묶어 세기? 그게 뭔데요, 할아버지?"

"바다거북이 15마리 있다고 해 보자. 그럼 한 마리씩 한 마리씩 15번을 세는 게 빠를까, 아니면 3마리씩 묶어서 5번 세는 게 더 빠를까?"

"그야 3마리씩 5번 세는 게 더 빠르겠죠."

"그렇지. 물건의 수를 셀 때에는 낱개로 1개씩 세는 것보다 일정한 수로 묶어서 세는 게 훨씬 빠르단다. 그걸 바로 묶어 세기라고 하는 거야."

"아, 그런 거구나! 하지만 그걸로 어떻게 친구들과 짝짓기 놀이를 해요?"

"안 되겠다. 다랑어들한테 도와 달라고 해야지. 애들아, 잠깐만 이리 좀 올래?"

백상아리 할아버지는 저 멀리 지나가는 다랑어들을 소리쳐 불렀습니다.

"애들아, 너희들 3마리씩 짝을 지어 보아라!"

백상아리 할아버지의 말이 떨어지자 다랑어들은 재빨리 3마리씩 짝을 지었습니다.

"자, 괭이상어야, 저기 있는 다랑어들을 묶어 세면 모두 몇 마리지?"

"음, 잠깐만요. 3마리씩 6묶음이네요. 그러면 3에다가 3을 더하고, 다시 3을 더하고, 또 3을 더하고…… 에휴, 복잡해라. 그러니까 다랑어는 모두 18마리예요."

괭이상어는 이마의 땀을 훔치면서 바지런히 덧셈을 했습니다.

"그래, 잘했다. 다랑어들아, 이번에는 거기 있는 다랑어들도 모두 모여 5마리씩 짝을 지어 보아라!"
다랑어들은 5마리씩 짝을 지었습니다.
"지금은 어떻게 묶어서 세어야 하지?"
"5마리씩 6묶음이네요. 그럼 5를 6번 더해야 하니까……, 음, 모두 30마리예요."
괭이상어는 자신감이 붙은 목소리로 씩씩하게 대답했습니다.
"제법인걸. 자, 그럼 묶어 세기로 곱셈에 대해 알아보자꾸나. 처음에 다랑어 3마리씩 6번 더했지? 이걸 덧셈식으로 나타내면 어떻게 될까?

$$3+3+3+3+3+3=18$$

이렇게 되겠지?"

"네, 두 번째는 다랑어 5마리씩 6번 더했으니까 덧셈식으로 나타내면 5+5+5+5+5+5=30이 되고요."

"그래, 그런데 같은 수를 여러 번 더할 때 덧셈식을 쓰면 문제가 길고 복잡해 보이지?"

"네, 식이 길고 덧셈을 여러 번 해야 해서 문제도 더 어렵게 느껴져요."

"이럴 때 다른 기호를 쓰면 간단하게 표시할 수 있어. '×' 기호를 사용하면 계산식이 아주 간단해진단다.

$$3+3+3+3+3+3=3\times6=18$$
$$5+5+5+5+5+5=5\times6=30$$

자, 어떠냐? 첫 번째 식은 '3을 6번 더했습니다.', 두 번째 식은 '5를 6번 더했습니다.'라는 뜻이지. 또 '3의 6배', '5의 6배'라는 말도 같은 뜻으로 쓰인단다."

"아하! 이게 바로 곱셈이지요? ×는 곱셈 기호고요."

"그래. **곱셈이란 같은 수 몇 개를 덧셈한 것과 똑같은 답을 얻게 해 주는 계산법이지.**"

"묶어 세기와 곱셈은 정말 편리한 것 같아요. 그런데 할아버지, 그걸로 어떻게 짝짓기 놀이를 해요?"

"아차, 제일 중요한 걸 설명 안 했구나! 자, 잘 보아라."

백상아리 할아버지는 다랑어들에게 춤을 추어 보라고 했습니다. 다랑어들은 둥그런 원을 만들고는 노래를 부르며 빙글빙글 돌았습니다.

"휘~익! 4마리씩 짝짓기!"

백상아리 할아버지가 호루라기를 불며 짝짓기 숫자를 말했습니다.

"와아, 빨리 짝을 짓자!"

다랑어들은 후닥닥 4마리씩 짝을 지었습니다.

"모두 몇 묶음이 되었나 볼까? 4마리씩 9묶음에다가……, 3마리는 짝을 짓지 못했구나."

짝을 짓지 못한 다랑어 3마리가 뒤통수를 긁적이며 앞으로 나섰습니다.

"자, 벌칙이 있다. 엉덩이로 이름 쓰기!"
"와하하하!"
모두들 깔깔거리며 웃고 떠들었습니다. 괭이상어도 신이 나서 다랑어들과 함께 짝짓기 놀이를 했습니다.
"이 바다에서 묶어 세기와 곱셈에 대해 아는 건 너와 나뿐이란다. 이제 친구들에게 가서 곱

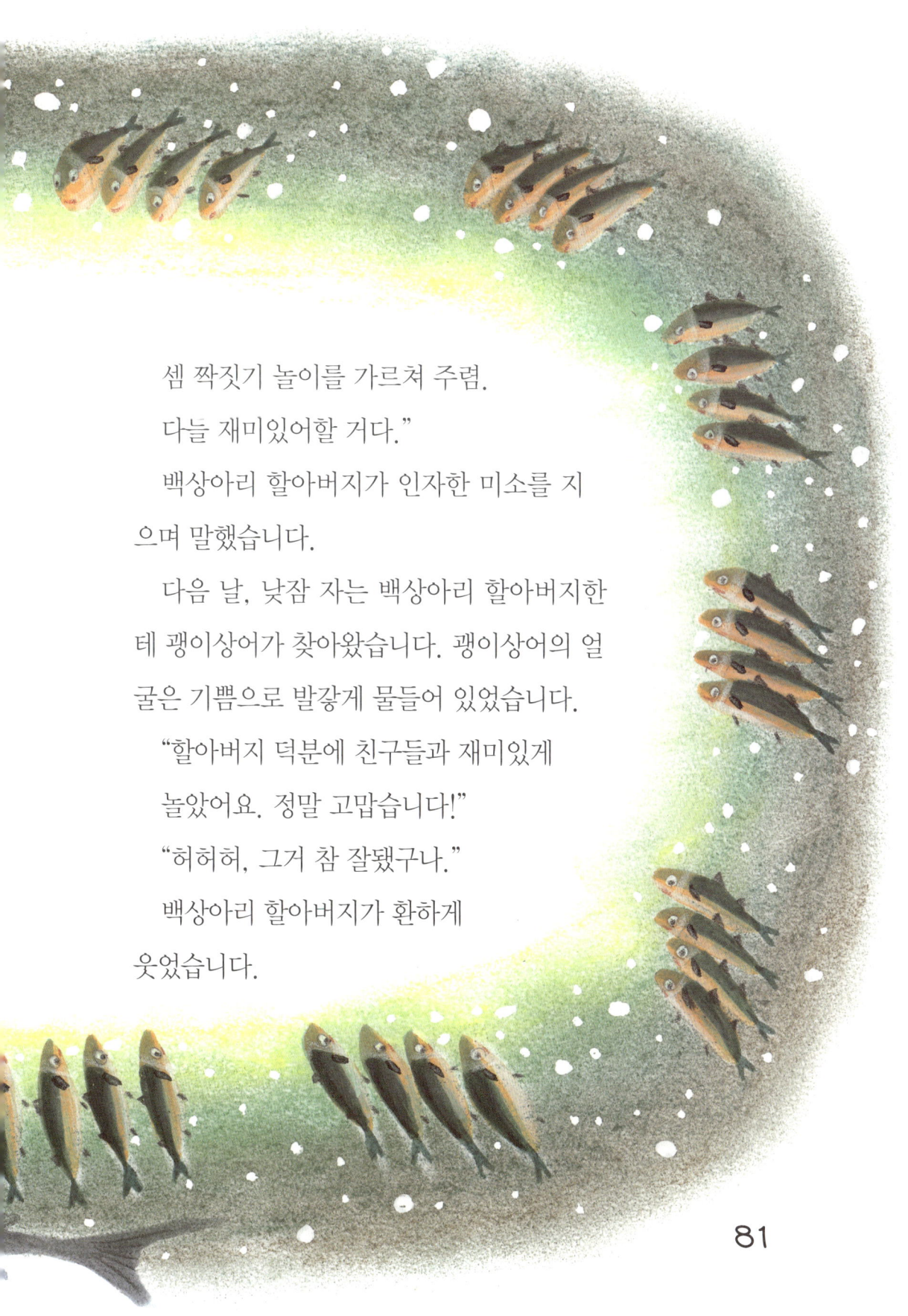

셈 짝짓기 놀이를 가르쳐 주렴.
다들 재미있어할 거다."

백상아리 할아버지가 인자한 미소를 지으며 말했습니다.

다음 날, 낮잠 자는 백상아리 할아버지한테 괭이상어가 찾아왔습니다. 괭이상어의 얼굴은 기쁨으로 발갛게 물들어 있었습니다.

"할아버지 덕분에 친구들과 재미있게 놀았어요. 정말 고맙습니다!"

"허허허, 그거 참 잘됐구나."

백상아리 할아버지가 환하게 웃었습니다.

동화 속 수학

묶어 세기

앞에서 뛰어 세기를 배웠지요? 묶어 세기도 뛰어 세기처럼 빠르고 정확하게 수를 세는 방법이에요. 2~9까지 원하는 모든 수로 묶을 수 있지요.

예를 들어 볼까요? 아래는 **16마리** 물고기들을 **4마리씩** 묶어서 센 거예요.

4 → 8 → 12 → 16

4, 8, 12, 16의 순으로 수가 **4씩** 늘어나는 것을 알 수 있지요? 어떤 수를 묶어서 세면 그 수만큼 더하면서 세는 것과 같답니다.

덧셈식과 곱셈식

꽃게 5마리가 있어요. 각각 2개씩의 집게 다리를 가지고 있지요.
그럼 5마리가 가지고 있는 집게 다리의 개수는 모두 몇 개일까요?
덧셈식과 곱셈식을 사용해서 문제를 풀어 볼까요?

덧셈식으로 했을 때 $2 + 2 + 2 + 2 + 2 = 10$

곱셈식으로 했을 때 $2 \times 5 = 10$

위의 식을 풀어서 말하면 다음과 같아요.
'2를 5번 더한 것은 10과 같습니다.'
'2의 5배를 한 것은 10과 같습니다.'

플러스 상식

인구가 늘어나면 지구도 무거워질까?

세계의 인구는 조금씩 늘어났고 앞으로도 계속해서 늘어날 것이라고 해요. 2050년에는 93억 명 정도가 될 거라고 하지요. 그렇다면 인구가 늘어날 때마다 늘어난 사람의 체중만큼 지구도 무거워질까요?

한 사람의 몸무게를 50킬로그램이라고 했을 때, 1,000명이면 50,000킬로그램이 돼요. 50,000킬로그램이 갑자기 늘어나면 지구의 무게도 50,000킬로그램만큼 늘어날 것 같지요?

하지만 인구가 늘어난다고 지구가 점점 무거워지지는 않을 거예요. 사람들은 태어난 다음 지구에 있는 음식물을 먹으면서 몸무게가 늘어나요.

늘어난 몸무게만큼 지구에 있는 다른 음식물이 줄어들었으니 지구 전체의 무게에는 변화가 없는 것이랍니다.

수학 퀴즈

30미터 길이의 나무를
5미터 길이로 잘라 집을 지으려고 해요.

(1) 나무를 모두 몇 토막으로 낼 수 있을까요?
(2) 나무 한 토막을 자르는 데 10분이 걸렸다고 해요.
그럼 나무를 모두 토막 내는 데는 몇 분이 걸릴까요?

두 토막을 내려면 톱질을 한 번만 해도 된다는 걸
기억하고 문제를 풀어 보세요.

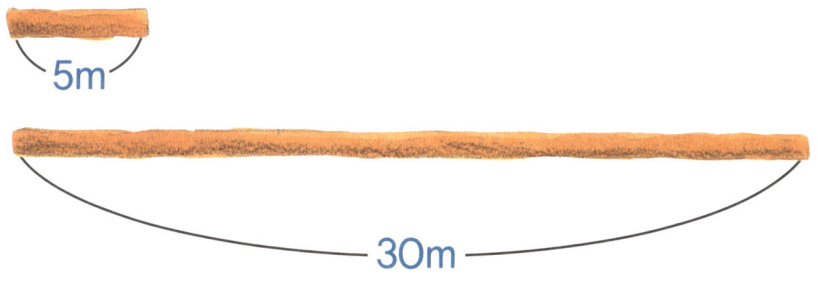

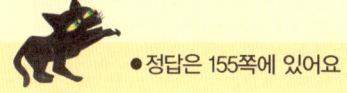
● 정답은 155쪽에 있어요

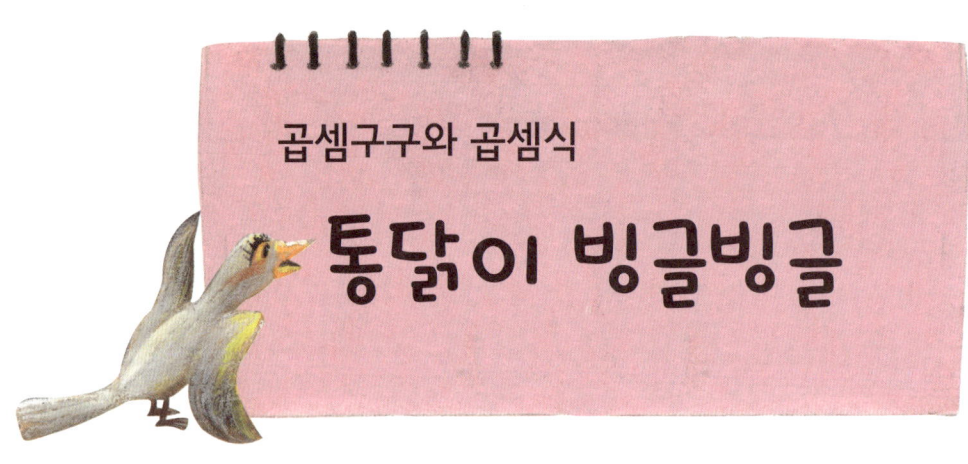

곱셈구구와 곱셈식
통닭이 빙글빙글

"부엉이님, 부엉이님! 문 좀 열어 주세요!"
"으응? 이 밤중에 누구지?"
책을 읽고 있던 부엉이 의사가 문을 열어 보니 세찬 바람 속에 비둘기가 서 있었습니다.
"어서 들어오너라."
부엉이의 집 안으로 들어온 비둘기가 말했습니다.
"부엉이님, 제발 제 친구 수탉을 치료해 주세요!"
"수탉을? 수탉이 어디가 아픈데?"
"며칠째 한숨도 못 자고 있어요! 불면증이래요!"
"저런 쯧쯧쯧! 할 수 없군. 어서 앞장서거라."
부엉이는 책을 덮고 비둘기를 따라나섰습니다.

"통닭 156마리, 통닭 157마리, 통닭 158마리……."
비둘기를 따라가 보니 수탉은 침대에 누워 빨갛게 핏발 선 눈으로 통닭 숫자를 세고 있었습니다.
"빙글빙글 돌아가는 전기 구이 통닭을 보고 난 뒤에 이렇게 됐대요."
"흠흠, 최면술을 한번 써 봐야겠군."
부엉이는 회중시계를 꺼내 추처럼 흔들어 보였습니다.
"그런 방법은 안 통해요. 내 머릿속이 실타래처럼 마구 엉켜 있다고요! 며칠 전에는 통닭이 3마리씩 자꾸 나타나더니, 어젠 4마리씩, 오늘은 5마리씩 나타나고 있어요!"

수탉이 직접 설명을 했습니다.

"그래? 그럼 어떡한다."

수탉의 말을 들은 부엉이는 이것저것 다양한 방법을 사용해 보았습니다. 하지만 수탉의 병세는 전혀 나아지지 않았습니다.

"구구구, 어떡하죠, 부엉이님? 구구구."

비둘기가 걱정스러운 얼굴로 물었습니다.

"맞아, 바로 그거야!"

비둘기의 '구구' 소리를 들은 부엉이가 갑자기 무릎을 탁 치며 말했습니다.

"고마워, 비둘기야! 바로 그거였어! 곱셈구구를 이용해서 수탉을 치료하는 거야!"

"곱셈구구요?"

"그건 수학 치료법의 하나야. 곱셈구구란 한 자리 수끼리의 곱셈을 빠르고 정확하게 하기 위해서 만들어졌어. 곱셈구구를 이용하면 수탉의 머릿속에 엉켜 있는 실타래를 풀 수 있을 거야."

"어떻게 하는 건데요?"

"1부터 9까지의 한 자리 수가 있지? 그걸 서로 한 번씩 곱하는 거야. 가령 2라는 수가 있으면 2×1, 2×2, 2×3······ 2×9까지 곱하는 거지. 그러면 거기서 나오는 답에는 틀림없이 일정한 규칙이 있게 돼."

"어떤 규칙요?"

"한 번씩 곱할 때마다 자신의 수만큼 늘어나는 거지. 2의 단 곱셈구구에서는 곱할 때마다 2씩 커지

2 × 1 = 2

2 × 2 = 4

2 × 3 = 6

2 × 4 = 8

2 × 5 = 10

2 × 6 = 12

2 × 7 = 14

2 × 8 = 16

2 × 9 = 18

고, 3의 단 곱셈구구에서는 3씩 커진단다."

"그럼 오늘 나타난 5마리 통닭들에는 어떤 곱셈구구를 하면 돼요?"

침대에 누워 눈을 말똥거리던 수탉이 물었습니다.

"5의 단 곱셈구구를 사용하면 되지."

부엉이는 종이와 연필을 가지고 와서 계산을 했습니다.

"봐라! 5와 1부터 9까지의 수를 차례대로 곱하면 어떻게 되니?"

5 × 1 = 5

5 × 2 = 10

5 × 3 = 15

⋮

"정말 자신의 수만큼 커지네요."

수탉과 비둘기가 감탄하며 대답했습니다.

"그렇지? 2에서 9의 단 곱셈구구를 표로 만들어 보면 이해도 쉽고 외우기도 좋단다."

부엉이는 2단부터 9단까지의 곱셈구구표를 만들어 수탉과 비둘기에게 보여 주었습니다.

"정말이네요. 곱셈구구표를 만들어서 보니까 한눈에 알아볼 수 있어요."

수탉과 비둘기가 고개를 끄덕였습니다.

"그럼 문제를 하나 내도록 할게. 통닭 가게에 통닭 8마리가 꼬챙이에……."

"끼약!"

부엉이의 말을 듣던 수탉은 이불을 뒤집어쓰며 비명을 질렀습니다.

"미, 미안하다! 그럼 다른 예를 들어 설명하마."

부엉이는 멋쩍은 얼굴로 다시 설명을 했습니다.

"비닐봉지 1개에는 피클 6개가 들어 있단다. 그런데 동네에 있는 8집이 피자를 주문했지. 그래서 피자가 배달될 때 피클 1봉지도 함께 배달되었단다. 그러면 8집에 배달된 피클은 모두 몇 개일까?"

"음, 난 잘 모르겠어. 비둘기 네가 해 봐!"

한참 궁리하던 수탉이 얼굴을 찌푸리며 말했습니다.
"한 봉지에 피클이 6개 들었다고 했죠? 그럼 8집에 배달되었으니까, 6×8=48, 모두 48개네요!"
"흠, 제법인데. 그럼 수탉에게 물으마. 피클 7개가 든 봉지 5개가 있단다. 그럼 5개의 봉지 안에 든 피클의 개수는 모두 몇 개지?"
"이제 알겠어요. 7개씩 5봉지니까, 7×5=35, 모두 35개가 되겠네요."
"그래, 수탉도 아주 잘했다. 어때, 이세 머릿속이 좀 시원해졌니?"
"정말 그런데요? 아주 신기해요. 하~움, 이제 조금씩 졸리기 시작해요."
"거 봐라. 곱셈구구 수학 치료법은 아주 훌륭한 방법이라니까."
부엉이가 흐뭇해했습니다.

동화 속 수학

곱셈구구표

2부터 9까지의 수를 곱셈구구표로 나타내면 다음과 같아요.
곱셈구구는 수학 계산을 위해 꼭 외워 두어야 해요.

2 × 1 = 2	3 × 1 = 3	4 × 1 = 4	5 × 1 = 5
2 × 2 = 4	3 × 2 = 6	4 × 2 = 8	5 × 2 = 10
2 × 3 = 6	3 × 3 = 9	4 × 3 = 12	5 × 3 = 15
2 × 4 = 8	3 × 4 = 12	4 × 4 = 16	5 × 4 = 20
2 × 5 = 10	3 × 5 = 15	4 × 5 = 20	5 × 5 = 25
2 × 6 = 12	3 × 6 = 18	4 × 6 = 24	5 × 6 = 30
2 × 7 = 14	3 × 7 = 21	4 × 7 = 28	5 × 7 = 35
2 × 8 = 16	3 × 8 = 24	4 × 8 = 32	5 × 8 = 40
2 × 9 = 18	3 × 9 = 27	4 × 9 = 36	5 × 9 = 45
6 × 1 = 6	7 × 1 = 7	8 × 1 = 8	9 × 1 = 9
6 × 2 = 12	7 × 2 = 14	8 × 2 = 16	9 × 2 = 18
6 × 3 = 18	7 × 3 = 21	8 × 3 = 24	9 × 3 = 27
6 × 4 = 24	7 × 4 = 28	8 × 4 = 32	9 × 4 = 36
6 × 5 = 30	7 × 5 = 35	8 × 5 = 40	9 × 5 = 45
6 × 6 = 36	7 × 6 = 42	8 × 6 = 48	9 × 6 = 54
6 × 7 = 42	7 × 7 = 49	8 × 7 = 56	9 × 7 = 63
6 × 8 = 48	7 × 8 = 56	8 × 8 = 64	9 × 8 = 72
6 × 9 = 54	7 × 9 = 63	8 × 9 = 72	9 × 9 = 81

0을 곱하면 어떤 답이 나올까?

0의 곱셈구구에서는 어떤 답이 나올까요?
0에다 1부터 9까지의 수를 곱해 보세요.

$0 \times 0 = 0$ $0 \times 1 = 0$ $0 \times 2 = 0$

$0 \times 7 = 0$ $0 \times 8 = 0$ $0 \times 9 = 0$

답은 항상 0이 나오지요?
0은 개수가 하나도 없다는 것을 뜻해요. 곱하기를 한다는 것은
자신의 수를 2배, 3배로 늘려 간다는 뜻이기 때문에 0에는
아무리 큰 수를 곱한다고 해도 0밖에 나올 수가 없지요.
한 가지 더!
$2 \times 1 = 2$, $3 \times 1 = 3$, $4 \times 1 = 4$, $5 \times 1 = 5$……．
위의 예처럼 어떤 수에 1을 곱하면 항상 그 수 그대로가
된다는 것도 잊지 마세요.

플러스 상식

손가락으로 곱셈하기

손가락으로는 10보다 작은 수의 덧셈이나 뺄셈만
할 수 있을 것 같죠? 그런데 곱셈도 할 수 있답니다.
단 9를 곱하는 것만 가능하지요. 함께 해 볼까요?

2 × 9 먼저 양손을 펴서 손바닥이 하늘을 보도록 하세요.
왼쪽 손의 두 번째 손가락을 접어요. 그러면 접은 손가락을
기준으로 왼쪽에는 1개, 오른쪽에는 8개의 손가락이 있게 되지요?
왼쪽에 있는 손가락은 십의 자리, 오른쪽에 있는 손가락은
일의 자리를 나타내요. 따라서 답은 18이지요.

4 × 9 왼쪽 손의 네 번째 손가락을 접어요.
그러면 접은 손가락을 기준으로 왼쪽에 3개, 오른쪽에
6개의 손가락이 있게 되죠? 따라서 답은 36이에요.

5 × 9 왼쪽 손의 다섯 번째 손가락을 접어요.
그러면 왼쪽에 4개, 오른쪽에 5개의 손가락이 있게 되지요?
그럼 답은 45가 되겠네요. 어때요? 쉽고 재미있죠?

수학퀴즈

상자마다 사과가 들어 있어요.
빨간 줄, 파란 줄, 녹색 줄, 노란 줄 위의
사과 개수의 합이 각각 10이 되도록
㉮, ㉯, ㉰, ㉱를 채워 보세요.

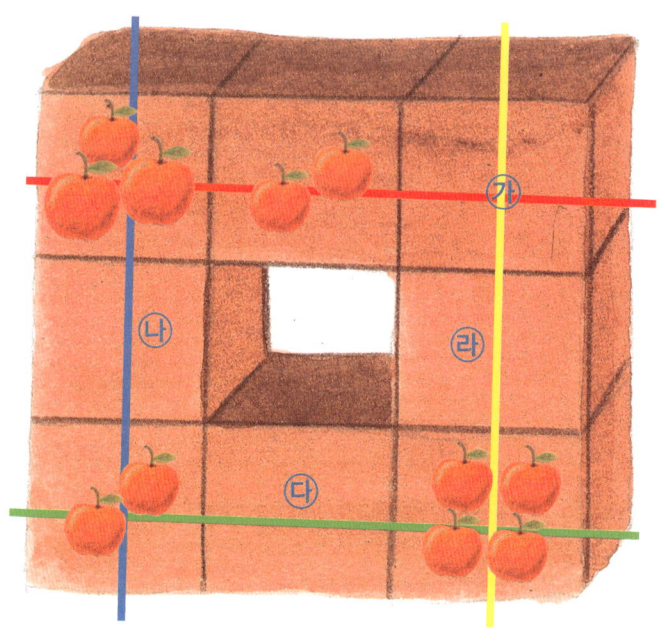

● 정답은 156쪽에 있어요

세 자리 수의 덧셈과 뺄셈
777단의 비밀

22세기, 미래의 지구에는 괴기한 사건이 잇달아 벌어지고 있었습니다.

"667-110호가 어젯밤 또 감쪽같이 사라져 버렸어!"

사람들은 이름 대신 103-205호, 609-301호 같은 번호로 불렸는데, 어느 날부터인가 시민들이 자꾸 사라져 버린 것입니다.

"이번에 사라진 사람들의 공통점은 이름을 나타내는 번호에 7이라는 숫자가 들어 있다는 것입니다. 667-110호, 277-500호처럼 말입니다."

경찰에서 수사 결과를 발표하고 범인 체포에 나섰지만 이를 비웃기라도 하듯 시민들의 실종은 계속되었습니다.

"아니, 이번에는 431-346호가 사라졌잖아!"
"으아악! 256-521호도 사라졌어!"
이제는 번호에 7이 들어 있지 않은 사람도 사라졌습니다.
경찰이 범인을 잡지 못하자 유명한 탐정이 나서서 조사를 했습니다. 그러고는 다음과 같은 사실을 발표했습니다.
"이번에 사라진 사람들의 두 번호를 더해 보십시오. 모두 777이 나옵니다."

탐정의 발표를 들은 사람들은 모두 세 자리 수의 덧셈을 해 보았습니다.

"431-346호니까 두 수를 더하면 431+346=777, 256-521호니까 256+521=777. 오! 정말 그렇군요."

```
  4 3 1           2 5 6
+ 3 4 6         + 5 2 1
-------         -------
  7 7 7           7 7 7
```

탐정의 설명을 들은 경찰들과 시민들은 모두 놀라워했습니다. 하지만 777이라는 숫자가 밝혀졌을 뿐, 더 이상 수사가 진전되지는 않았습니다.

경찰이 범인을 잡지 못하는 사이, 번호의 세 자리 수를 더해 777이 되는 시민들은 불안에 떨었습니다.

어떤 사람들은 학교나 직장에도 가지 않고 집 안에만 틀어박혀 있었습니다. 또 언제 위험이 닥칠지 모른다면서 아예 몽둥이를 가지고 다니는 사람도 있었습니다.

그뿐만이 아니었습니다. 번호의 합이 777이 되는 사람들의 주변 사람들은 합이 777이 되는 사람을 점점 꺼리게 되었습니다.

"난 너와 친구가 되고 싶지 않아."

"왜?"

"넌 617-160호잖아. 합이 777이니까 언제 사라져 버릴지 모르는데 어떻게 너와 친구가 되겠니?"

시민들은 서로 의심하고 경계하게 되었습니다. 그러면서 몹시 분노했습니다.

"도대체 누가, 무엇 때문에 이런 일을 저지르는 거야!"

하지만 그때까지도 범인이 누구인지는 밝혀지지 않고 있었습니다.

그러던 어느 날 아침, 컴퓨터를 켠 사람들이 모두 놀라는 일이 일어났습니다. 모든 사람들 앞으로 한 통의 이메일이 배달된 것입니다.

보낸 사람 : 777단 두목

제목 : 내가 바로 범인입니다!

여러분, 안녕하십니까? 나는 777단의 두목입니다.
지금까지 사라진 시민들은 모두 내가 납치한 것입니다.
왜 그랬느냐고요? 지금부터 그 까닭을 말씀드리죠.
나는 어려서부터 장난이 몹시 심해서 아버지께 꾸중을
많이 들었습니다. 내가 가장 참을 수 없었던 건 바로
'이 칠칠(77)치 못한 녀석아!'라는 말이었죠.
그때부터 난 7이라는 숫자를 아주 미워하게 되었습니다.
세상의 7과 77과 777을 모두 혼내 주겠다고
굳게 마음먹었죠.
지금 난 꿈을 이루고 있는 겁니다. 낄낄낄!

놀랍게도 이메일을 보낸 사람은 바로 범인이었습니다. 777단 두목은 자랑이라도 하듯이 사람들을 납치한 이유를 구구절절 설명했습니다.

그러나 이메일을 받은 모든 시민들은 한결같이 이렇게 말했습니다.

"겨우 그런 이유로 사람들을 납치하다니! 에라, 이 칠칠치 못한 녀석 같으니라고!"

경찰은 이메일 주소를 추적해 마침내 두목을 붙잡았고, 두목은 그토록 싫어하던 777-777호로 불리게 되었습니다.

동화 속 수학

세 자리 수의 덧셈과 뺄셈

세 자리 수의 덧셈은 두 자리 수의 덧셈처럼 일의 자리부터 십의 자리, 백의 자리의 순서대로 더해 나가면 돼요.
567+331=□의 계산 과정을 차례로 나타내면 다음과 같아요.

	5	6	7
+	3	3	1
			8

일의 자리 계산

	5	6	7
+	3	3	1
		9	8

십의 자리 계산

	5	6	7
+	3	3	1
	8	9	8

백의 자리 계산

세 자리 수의 뺄셈도 덧셈과 마찬가지로 일의 자리부터 차근차근 계산하면 돼요.

	5	6	7
−	3	3	1
			6

일의 자리 계산

	5	6	7
−	3	3	1
		3	6

십의 자리 계산

	5	6	7
−	3	3	1
	2	3	6

백의 자리 계산

여러 가지 방법으로 계산하기

세 자리 수의 덧셈과 뺄셈은 다양한 방법으로 할 수 있어요. 예를 들어 420+310의 덧셈을 해 볼까요? 자릿수를 잘 맞춰 계산해 보세요.

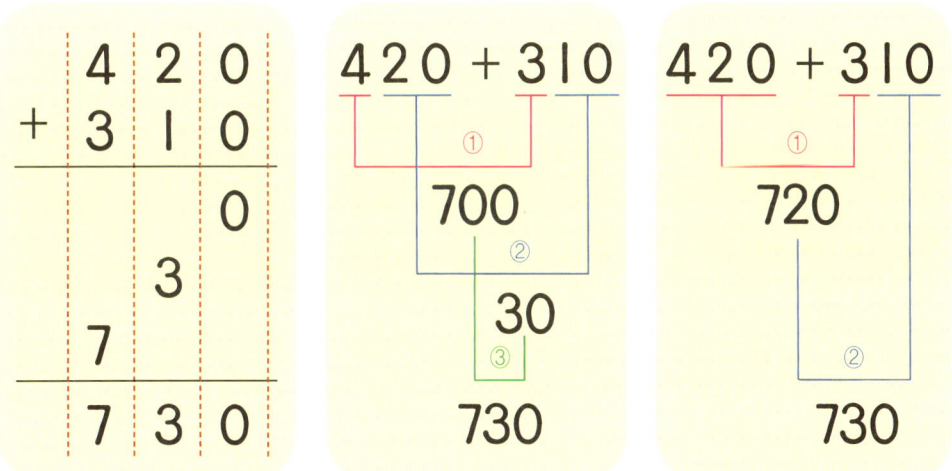

뺄셈도 마찬가지예요. 여러 가지 방법으로 계산할 수 있지요. 하지만 받아올림이나 받아내림이 없는 계산은 되도록 암산을 해 보세요. 처음에는 어렵게 느껴질 수 있겠지만 훈련이 되면 쉽게 문제를 풀 수가 있답니다.

플러스 상식

천(1000)보다 큰 수는 어떻게 부를까?

이 세상에서 가장 큰 수는 몇일까요? 답은 '알 수 없다'예요. 수는 끝없이 커질 수 있으니까요. 그럼 아주 큰 수는 어떻게 읽어야 할까요? '천'보다 큰 수를 알아볼까요?

1 – 일
10 – 십
100 – 백
1,000 – 천
10,000 – 만
100,000 – 십만
1,000,000 – 백만
10,000,000 – 천만
100,000,000 – 억

일, 십, 백, 천, 만, 십만, 백만, 천만, **억!**

'억' 다음부터는 다시 '십억, 백억, 천억'이 되고, '조', '경' 단위를 거쳐 '해', '자', '양'까지 이어져요. 하지만 일상생활에서는 여기까지 수를 셀 일이 거의 없을 거예요.

수학퀴즈

탁자 위에 물컵이 6개 있어요.
3개의 컵에는 물이 담겨 있고 나머지 3개는 비어 있지요.
물컵을 단 한 번만 움직여서 물이 담긴 컵 3개를
①번부터 나란히 늘어놓아 보세요.

● 정답은 156쪽에 있어요

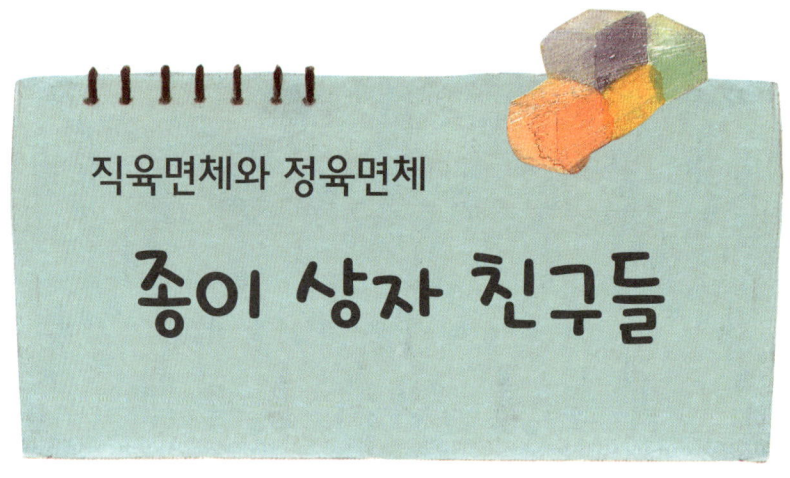

직육면체와 정육면체
종이 상자 친구들

여기는 민이네 집이에요. 민이의 방 책상 위에는 색색의 종이 상자가 사이좋게 놓여 있지요. 민이는 색종이로 종이 상자를 곧잘 만들어요.

민이가 학교에 가고 집 안이 조용해지자 종이 상자들이 하나둘 떠들기 시작하네요.

보라색 상자가 싸움을 말리자, 다른 종이 상자들은 서로 자기 원래 모습이 제일 멋지다며 또 다투었어요.

보라색 상자가 어이가 없다는 듯 말했어요.

> 그만들 해! 다 틀렸어.
> 우린 여섯 개의 면을 가진 육면체야.
> 상자가 되기 전에도 우린 똑같이 사각형이
> 여섯 개 이어진
> 모양이었다고!

보라색 상자의 설명을 듣고 나자 친구들은 모두 부끄러워졌어요.

그때였어요. '삑삑삑삑' 소리가 들리더니 현관문 문고리가 달그락거리는 소리가 들렸어요.

종이 상자들은 서둘러 제자리로 돌아왔어요. 그리고 서로 면과 면, 꼭짓점과 꼭짓점, 모서리와 모서리를 맞댄 채 다정하게 어깨동무를 하고 활짝 웃었답니다.

직육면체

직육면체는 직사각형인 면을 6개 가지고 있어요.
모양과 크기가 같은 면이 2개씩 3쌍이지요.

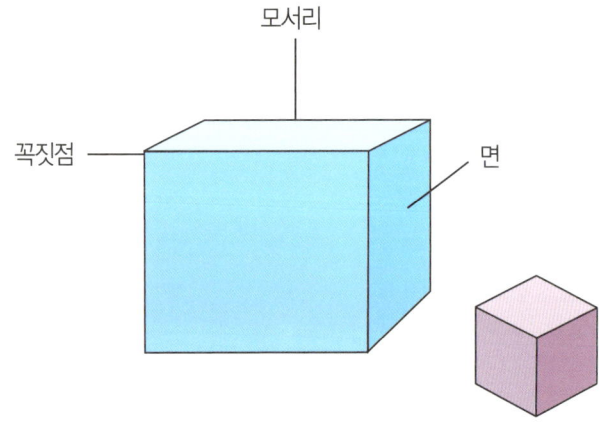

직육면체의 면과 면이 만나는 선분을 모서리라고 하는데
모두 12개예요. 직육면체의 모서리는 길이가 같은 것이
4개씩 3쌍이지요.
모서리와 모서리가 만나는 점은 꼭짓점이라고 하는데,
직육면체의 꼭짓점은 모두 8개예요. 정육면체는
여섯 개의 면이 모두 정사각형인 육면체를 말하지요.

주위에서 직육면체를 찾아보자

직육면체는 상자 모양이라고 생각하면 쉬워요.
우리 주위를 둘러보면 직육면체 모양의 물건이 아주 많지요.
집이나 교실에서 직육면체 모양인 물건에는
어떤 것들이 있는지 찾아보세요.

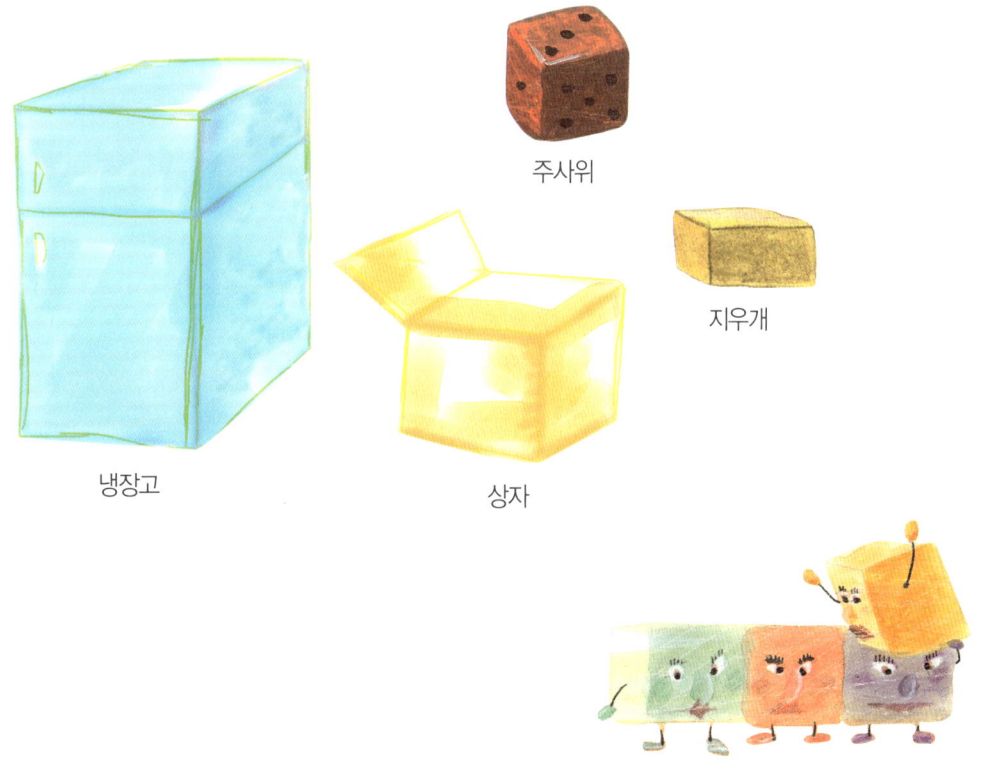

냉장고   상자   주사위   지우개

플러스 상식

꿀벌이 정육각형으로 집을 짓는 까닭은?

꿀벌은 곤충계의 대표적인 수학자라고 할 수 있어요. 꿀벌은 집을 지을 때 항상 정육각형으로 집을 지어요. 똑같은 양의 재료로 집을 지을 때, 정육각형으로 지어야 가장 크고 넓은 집을 지을 수 있기 때문이지요. 육각형을 서로 이으면 빈틈없이, 꼭 맞게 집을 지을 수 있어요. 그러면 꿀을 많이 저장할 수 있고, 만드는 시간도 아낄 수 있지요. 또 꿀벌의 집은 아주 튼튼해서 웬만한 무게에는 끄떡없다고 해요. 사람들도 집을 지을 때 꿀벌 집의 모양을 흉내 낼 정도랍니다.

수학 퀴즈

친구들이 종이접기를 하고 있어요.
한 친구가 색종이를 반으로 두 번 접어서 아래의
그림처럼 흰 부분을 잘라 냈어요.
색종이를 펼치면 어떤 모양이 될까요?
보기 중에서 골라 보세요.

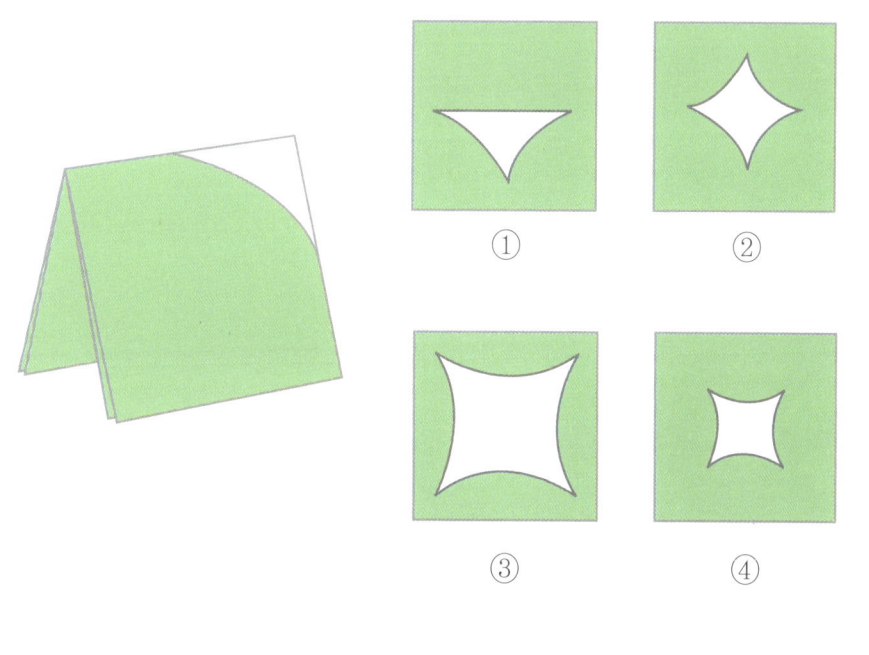

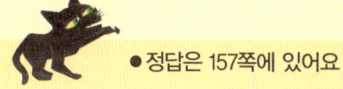

세 자리 수의 받아올림과 받아내림

공룡들의 올림픽

공룡들의 올림픽이 열렸습니다.
"선수들을 소개하겠습니다~! 브라키오사우루스! 티라노사우루스! 트리케라톱스! 갈리미무스!"
"와아! 짝짝짝!"
사회를 맡은 익룡이 참가 선수를 소개하자 요란한 함성이 울려 퍼졌습니다.

첫 경기는 농구.

브라키오와 갈리미무스가 한편, 티라노와 트리케라가 또 다른 한편을 이뤘습니다.

"당연히 우리 팀이 이길 거야."

몸집이 산 만하고 목이 엄청나게 긴 브라키오가 여유를 부렸습니다.

예상대로 경기는 98 대 21로 브라키오 팀의 승리!

그런데 공룡 올림픽에서는 경기에 참가하는 선수들의 태도에도 점수를 매겼습니다. 규칙을 잘 지키지 않고 반칙을 하는 선수들에게는 감점을 주었지요.

농구 경기가 끝나자 개인 점수가 나왔습니다. 브라키오 124점, 갈리미무스 118점, 티라노 35점, 트리케라 15점!

"흥, 아직 실망하긴 일러. 여차하면 내 싸움 실력을 이용해서 녀석들을 콱……!"

반칙 대장 티라노가 날카로운 눈빛을 뿜어냈습니다.

두 번째는 축구.

"와, 폼 좋고~!"

관중들이 탱크처럼 돌진하는 트리케라를 칭찬했습니다. 하지만 살찐 티라노는 연신 헛발질만 했습니다. 그래도 트리케라 덕분에 티라노 팀이 8 대 7로 이겼습니다.

축구 경기가 끝나자 공룡들의 개인 점수가 나왔습니다. 브라키오 198점, 갈리미무스 225점, 티라노 158점, 트리케라 245점. 이렇게 오전 경기가 끝이 났습니다.

총 점수가 궁금한 티라노는 열심히 계산을 했습니다.

"농구 경기 때 받은 35점에 축구 경기 때 받은 점수 158점을 더하면? 흠, 받아올림을 한 번 해서 십의 자리에 1을 올려야겠군. 그러면 193점이네."

티라노는 다른 선수들의 점수도 열심히 계산했습니다.

"그럼 브라키오 녀석의 점수도 계산해 볼까? 농구 경기 때 124점, 축구 경기 때 198점이니까……, 이거 뭐야? 받아올림을 두 번이나 해야 하잖아!"

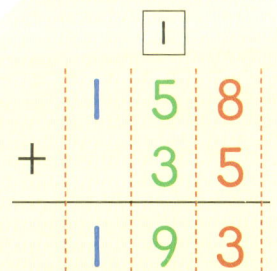

깜짝 놀란 티라노가 소리를 질렀습니다.

"그래서 결국 몇 점이야? 그거나 말해 봐!"

옆에서 지켜보던 트리케라가 짜증을 부렸습니다.

"기다려 봐. 그러니까 받아올림을 두 번 해서 얼마냐면, 헉! 322점이나 되잖아?"

티라노의 얼굴이 붉으락푸르락

했습니다.

"그럼 나보다 몇 점이나 더 받은 거야? 322점에서 193점을 빼면, 이번엔 받아내림을 두 번 해서 푸헉, 이건 말도 안 돼! 129점이나 차이가 나잖아!"

티라노는 빠드득 이를 갈았습니다.

다시 오후 경기가 시작되었습니다. 첫 번째 순서 달리기에서는 제일 빠른 갈리미무스가 일등을 했습니다.

다음은 레슬링. 이 경기에서는 덩치 큰 브라키오가 일등을 했습니다. 하지만 반칙 대장 티라노가 억지 주장을 내세우는 바람에 경기가 뒤죽박죽이 되어 버렸습니다.

견디다 못한 공룡들은 알로사우루스를 심판으로 데리고 왔습니다. 심판을 맡은 알로는 티라노의 점수를 거침없이 깎았습니다.

"티라노 반칙, 감점 135점! 감점 120점! 또 감점 183점!"

티라노의 불만은 풍선처럼 부풀어올랐지만

항의할 수도 없었습니다.
　이렇게 하여 공룡 올림픽은 무사히 끝이 났습니다. 이제 오늘의 우승자를 가릴 차례였습니다. 알로가 공룡들의 점수를 차례로 더했는데, 티라노는 감점을 너무 많이 당해서 점수가 형편없었습니다. 오전에 받은 점수 193점, 오후에 받은

점수 245점, 감점 438점.

"세 수를 계산하려면 어떻게 해야 하지?"

알로가 잠시 고개를 갸웃거렸습니다.

"이건 세 자리 수의 계산이 아니라 세 수의 계산이니까 순서에 주의해야 해요. 이럴 때 세 수가 모두 덧셈이면 순서와 상관없이 세 수를 모두 더하면 돼요. 하지만 뺄셈이 섞여 있는 경우는 앞에서부터 차례대로 계산을 해야 맞는 답을 얻을 수 있어요."

트리케라가 알로에게 친절하게 설명을 해 주었습니다.

"응, 그러니까 이런 경우에는 앞에서부터 차례대로 계산해야겠네. 감점된 점수는 뺄셈으로 계산해야 하니까 말야."

알로가 고개를 끄덕였습니다.

"193+245-438은……, 어라? 설마 빵점?"

$$\begin{array}{r} \overset{1}{1\,9\,3} \\ +\;2\,4\,5 \\ \hline 4\,3\,8 \end{array} \qquad \begin{array}{r} 4\,3\,8 \\ -\;4\,3\,8 \\ \hline 0 \end{array}$$

"으잉? 정말?"

관중들이 놀라며 점수판을 쳐다보았습니다.

"푸하하하! 정말이다, 빵점이야!"

공룡 올림픽 경기장에 폭소가 터졌습니다. 티라노는 뒤통수를 긁적이며 재빨리 경기장을 빠져나갔습니다.

세 자리 수의 받아올림과 받아내림

두 자리 수 덧셈을 할 때 일의 자리의 합이 10을
넘으면 십의 자리로 받아올림을 했지요?
세 자리 수의 덧셈에서 알아두어야 할 것은 자릿수의
합이 10을 넘을 때 받아올림을 두 번 할 수 있다는 거예요.
일의 자리에서 십의 자리로, 십의 자리에서 백의 자리로
받아올림을 할 수 있는 것이지요.
세 자리 수의 뺄셈도 마찬가지예요. 십의 자리로부터 일의
자리로, 백의 자리에서 십의 자리로 받아내림할 수 있지요.

```
   1  1                    10 10
  3  8  8              3̸  2̸   5
+ 1  5  4           -  1   4   7
─────────           ─────────────
  5  4  2              1   7   8
```

자릿수가 서로 다른 두 수의 계산

세 자리 수와 한 자리 수의 계산을 해 볼까요?

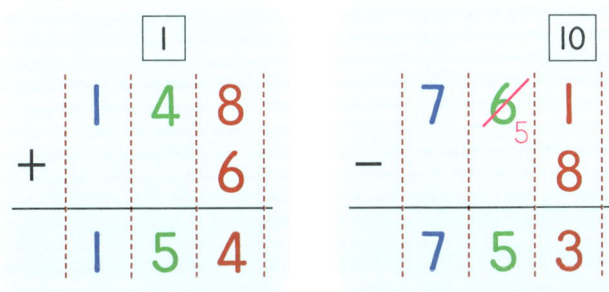

세 자리 수와 두 자리 수의 계산도 같은 방식으로 하면 되지요.

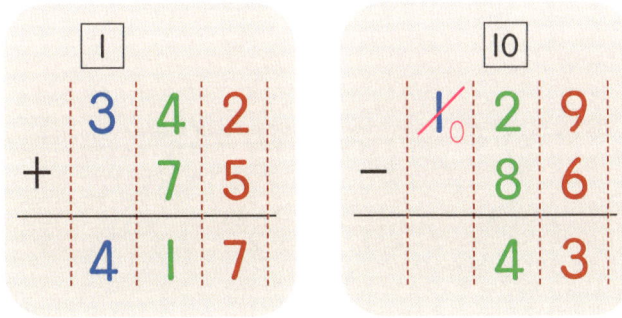

자릿수가 서로 다른 계산에서도 받아올림, 받아내림을 하는 방법은 같답니다.

플러스 상식

옛날에도 모두 같은 숫자를 썼을까?

지금은 전 세계 사람들이 대부분 아라비아 숫자를 쓰지만 먼 옛날, 로마나 그리스, 이집트 등 고대 문명이 발달한 나라에서는 제각기 숫자를 만들어 사용했어요. 다음 숫자들은 옛날 여러 나라에서 쓰던 것들이에요. 이 중 한문 숫자나 로마 숫자는 지금도 우리나라에서 쓰이고 있답니다.

〈여러 가지 숫자〉

로마 숫자	I	II	III	IV	V	VI	VII	VIII	IX	X
한문 숫자	一	二	三	四	五	六	七	八	九	十
바빌로니아 숫자	▼	▼▼	▼▼▼	▼▼▼▼	▼▼▼▼▼	▼▼▼▼▼▼	▼▼▼▼▼▼▼	▼▼▼▼▼▼▼▼	▼▼▼▼▼▼▼▼▼	◀
고대 그리스 숫자	I	II	III	IIII	Γ	ΓI	ΓII	ΓIII	ΓIIII	△
고대 이집트 숫자	l	ll	lll	llll	lll/ll	lll/lll	llll/lll	llll/llll	lll/lll/lll	∩

수학 퀴즈

숫자 공장에서 숫자를 만들고 있어요.
기계 안에 들어간 수는 여러 과정을 거치게 돼요.
모든 과정을 다 거치고 나면 어떤 수가 되어 있을까요?
괄호 안에 30을 넣고 차근차근 풀어 보세요.

30
( ) → +136 → −28
−129
+35

● 정답은 157쪽에 있어요

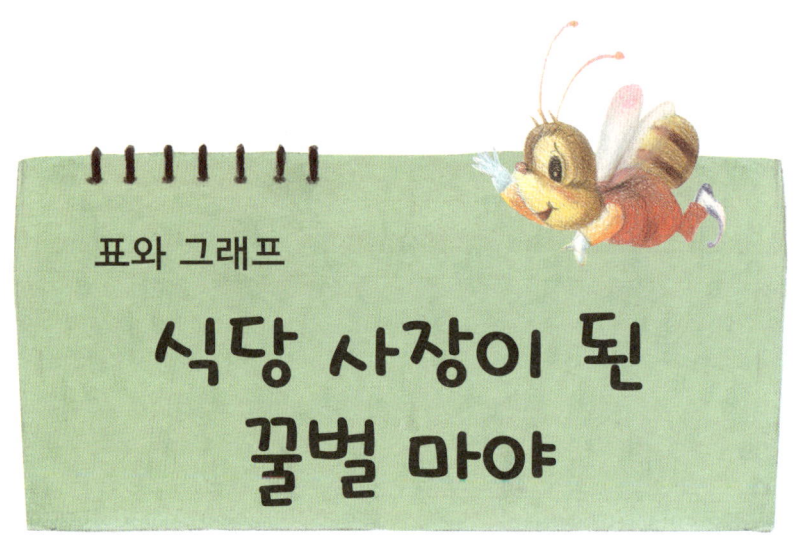

표와 그래프

식당 사장이 된 꿀벌 마야

콧노래를 부르며 하늘을 날던 꿀벌 마야는 활짝 핀 민들레를 보았어요.

"민들레야, 안녕?"

"안녕, 마야!"

마야와 민들레는 반갑게 인사를 했어요. 마야는 민들레에게 말했어요.

오늘은 네가 꽃씨를 맺을 수 있도록 꽃가루받이를 도와줄게.

 마야는 꽃들의 꽃가루를 다른 꽃의 암술에 묻혀 주는 고마운 일을 하고 있어요. 이렇게 꽃가루받이가 되어야 꽃들은 씨앗을 맺을 수가 있지요.
 "지금까지 난 개나리꽃, 제비꽃, 할미꽃, 장미꽃, 백합꽃 등 많은 꽃들의 꽃가루받이를 도왔어. 이 그래프를 보면

잘 알 수 있을 거야."

마야는 그래프를 그려 민들레에게 보여 주었어요.

"내가 그동안 꽃가루받이를 도와준 꽃들이야."

"표를 만들거나 그래프를 그려서 보면 말로 복잡하게 설명할 필요가 없어."

마야는 민들레에게 여러 가지 표와 그래프에 대해서 많은 것을 가르쳐 주었어요. 또 앞으로의 계획에 대해서도 이야기했지요.

"난 어떤 곤충이 어떤 꿀을 좋아하는지 자료 조사를 하고 있어. 자료 조사가 끝나면 표와 그래프로 만들어서 네게도 보여 줄게."

"근데 그걸 조사해서 뭐 하게?"

마야의 말을 들은 민들레는 고개를 갸웃거렸어요.

민들레는 마야의 계획이 재밌기도 하고 또 조금은 걱정스럽기도 해서 웃을 수밖에 없었답니다.
하지만 마야가 조사를 끝내고 꿀 요리 식당을 차릴 때는 누구보다 앞장서서 도와주었다고 해요. 민들레 홀씨를 널리 날려서 마야네 꿀 요리가 최고라고 광고를 해 주었대요!

동화 속 수학

표와 그래프는 왜 필요할까?

'솔이네 반 친구들이 좋아하는 음식'을 조사했어요.
조사 결과 피자 10명, 햄버거 8명, 김밥 7명, 기타 5명으로 나왔어요. 이럴 때 표를 그려서 보면 한눈에 쉽게 내용을 파악할 수 있어요.

좋아하는 음식	피자	햄버거	김밥	기타	계
학생 수(명)	10	8	7	5	30

그래프로도 그려 볼 수 있어요.

음식 \ 학생 수	1	2	3	4	5	6	7	8	9	10
피자	●	●	●	●	●	●	●	●	●	●
햄버거	●	●	●	●	●	●	●	●		
김밥	●	●	●	●	●	●	●			
기타	●	●	●	●	●					

이처럼 표와 그래프는 조사한 자료를 쉽게 이해하고 활용할 수 있게 해 주지요.

자료를 모을 때는 되도록 넓은 범위에서 여러 번 조사하는 것이 좋아요. 그래야 정확한 결과를 얻을 수 있으니까요.
자료를 조사한 뒤에는 조사 기준에 따라 잘 분류한 다음, 표나 그래프로 만들어 보세요.
아래는 '민영이네 반 친구들이 가장 좋아하는 동물'을 조사한 거예요. 어떤 동물이 인기가 많은지 한눈에 들어오지요?

좋아하는 동물	개	고양이	곰	사자	기타	계
학생 수(명)	10	7	5	4	9	35

학생 수 \ 동물	개	고양이	곰	사자	기타
10	●				
9	●				●
8	●				●
7	●	●			●
6	●	●			●
5	●	●	●		●
4	●	●	●	●	●
3	●	●	●	●	●
2	●	●	●	●	●
1	●	●	●	●	●

플러스 상식

언제부터 표와 그래프를 사용했을까?

오늘날과 같은 표와 그래프는 17세기 영국과 독일에서부터 쓰이기 시작했어요. 당시 영국은 세계에서 제일 돈이 많고 강한 나라였어요. 여러 나라와 활발하게 무역을 했는데, 다른 나라에서 나쁜 병균이 들어와 많은 영국 국민들이 죽는 일이 생겼어요.

나라에서는 죽은 사람의 수와 그 이유를 조사하기 시작했어요. 하지만 1년 동안의 자료로는 별다른 사실을 알아낼 수 없었어요. 그래서 당시로부터 60년 전까지의 기록을 모두 조사했어요. 그리고 조사한 내용을 《통계학》이라는 책으로 펴냈지요.

독일도 그때 30년 동안 전쟁을 치르고 난 뒤라 나라 살림이 무척 어려웠어요. 이때 헬만 컬링이라는 학자가 나라를 다시 일으키기 위해 나라의 살림살이를 하나하나 조사해서 역시 《통계학》이라는 제목으로 책을 펴냈지요.

오늘날 사용되는 표와 그래프는 이 두 권의 책으로부터 시작된 것이랍니다.

수학 퀴즈

네 개의 항아리 안에 여러 가지 수와 부호가 들어 있어요.
첫 번째 항아리에서 한 가지 수를 뽑은 다음
두 번째 항아리에 있는 부호를 이용해 세 번째 항아리에서
뽑은 숫자 하나를 더하거나 빼서 네 번째 항아리에 있는
답이 나오도록 식을 만들어 보세요.
2가지 이상 만들어 보세요.

예) 17 − 15 = 2

●정답은 157쪽에 있어요

나누기와 나눗셈식
말썽꾸러기 하이에나

"삐리리릭!"

동물 제1부대에서 동물 구조대의 김 박사에게 전화가 왔습니다.

"난 동물 제1부대의 흰코뿔소 대령이오. 우리 부대에 도망친 군인이 있어서 연락했소. 어서 와서 도와주시오."

"알겠소. 지금 사건 현장으로 가겠소."

구조 대장 김 박사의 눈빛이 이글거렸습니다.

김 박사는 이런저런 준비물을 챙겨 떠날 채비를 했습니다.

"맹수들을 만날 수도 있으니까 마취 총을 가져가야지."

김 박사는 창고로 가서 마취 총과 총알을 찾아 들고 동물 제1부대로 향했습니다.

동물 제1부대에 도착한 김 박사는 흰코뿔소 대령에게 상황 설명을 들었습니다.

"우리 부대의 병사들은 모두 125마리라오. 그런데 어제저녁 출석을 부르자 119마리밖에는 대답하지 않는 거요. 그래서 조사를 해 본 결과 5마리는 휴가를 떠난 것이었고, 한 마리, 그러니까 하이에나 일병은 도망을 친 것이었소."

"그렇다면 하이에나 일병이 도망갈 만한 곳부터 찾아봐야지요."

김 박사가 말했습니다.

"글쎄, 확실한 건 아니지만 하이에나처럼 생긴 병사가 양 떼를 몰고 뒷산으로 올라가는 걸 보았다는 병사가 있소."

"그렇다면 우선 뒷산으로 가 봅시다."

김 박사와 흰코뿔소 대령은 숨을 헐떡이며 산을 올랐습니다. 산 정상에 가까워지자 '딸랑딸랑' 하는 양의 방울 소리가 들려왔습니다.

"음, 저기 양들이 있군. 이제부터 정신을 바짝 차려야 하오. 하이에나 일병이 어디서 갑자기 나타날지 모르는 일이니까."

김 박사는 마취 총을 움켜쥐며 주위를 둘러보았습니다.

한참을 찾아보았지만 하이에나는 보이지 않았습니다. 다만 양을 치는 늑대가 한 마리 있었을 뿐입니다.

"혹시 하이에나를 못 보았나요?"

박사가 늑대를 유심히 쳐다보며 물었습니다.

"하이에나라고요? 그런 녀석은 어떻게 생겼는지도 모르는 걸요."

양치기 늑대가 손까지 휘휘 내저으며 말했습니다.

김 박사와 흰코뿔소 대령은 서로 눈길을 주고받았습니다. 늑대의 행동이 무언가 수상했던 것입니다. 무엇보다도 이상한 것은 양치기 늑대의 몸이 풍선처럼 부풀어 있는 것이었습니다. 곧 가죽이 터질 것처럼 보였습니다.

'가죽이 터지려 하다니, 뭔가 이상해. 혹시 이 녀석이 하이에나가 아닐까? 늑대 가죽을 쓴 하이에나! 그래, 다른 질문을 해 봐야겠다. 양치기 늑대니까 양에 대한 것을 묻다 보면 단서를 찾을 수 있을 거야.'

김 박사는 이런 생각을 하면서 자연스럽게 늑대에게 질문을 했습니다.

"양은 모두 몇 마리나 되나요?"

하지만 양치기 늑대는 당황하기는커녕 오히려 기분 나쁜 웃음을 흘리며 대답했습니다.

"흰 양이 8마리고, 검은 양이 8마리지요. 그러니까 모두 합하면 16마리군요."

"아, 그렇군요. 양 치는 일이 힘들지는 않은가요?"

박사가 다시 물었습니다.

"물론 힘들죠. 그래서 산 아래 마을에 양을 나눠 줄까 하는 생각도 있답니다. 양을 돌보고 싶다는 집이 4집 있거든요. 만약 양을 주게 된다면 이 4집에 똑같이 나누어 주려고요. 계산을 해 보니, 4마리씩 4집에 나누어 주면 딱 16마리가 되더군요."

늑대는 짐짓 인자한 목소리로 자랑을 했습니다.

"참 놀랍군요. 양만 잘 돌보는 게 아니라 나눗셈까지 잘하니 말입니다. 나도 박사지만 당신도 수학 박사 자격이 있는 것 같소."

김 박사는 일부러 늑대를 칭찬했습니다. 늑대는 김 박사의 칭찬에 침까지 질질 흘리며 좋아했습니다. 김 박사는 이 틈을 놓치지 않고 다시 물었습니다.

"그럼 당신이 오늘 잡아먹은 양들까지 합쳐서 어제는 몇 마리가 있었는지도 계산할 수 있겠네요?"

"그거야 물론이죠. 오늘 아침에 잡아먹은 양이 2마리고, 점심때 먹은 게 1마리니까 남아 있는 양 16마리에 3마리를 더하면 모두 19마리였……!"

여기까지 말한 늑대가 놀라 입을 다물었습니다. 김 박사

의 칭찬에 자신의 정체를 다 드러낸 것입니다.

"이 나쁜 하이에나 녀석! 어서 늑대 가죽을 벗어라!"

흰코뿔소 대령이 하이에나에게 호통을 쳤습니다. 그러자 하이에나는 날카로운 이빨을 드러내며 싸울 기세를 보였습니다.

이때 김 박사가 하이에나에게 마취 총을 발사했습니다.

"으윽, 끝까지 속일 수 있었는데……."

하이에나는 분통을 터뜨리며 쓰러졌습니다.

옆에서 이 모습을 지켜본 흰코뿔소 대령이 혀를 차며 말했습니다.

"어리석은 하이에나 같으니라고. 하이에나들은 꼭 저렇게 말썽을 부린다니까. 만약 하이에나가 여럿이서 같이 일을 꾸몄으면 더 큰 일이 났을 거요."
"그럼 앞으론 하이에나들을 어떻게 관리할 건가요?"
"한 부대에 셋 이상이 되지 않도록 전부 흩어 놓는 것이 좋겠죠."
김 박사와 흰코뿔소 대령은 다음 날 다시 만나 함께 점심

을 먹으면서 하이에나의 부대 배치에 관해 의논했습니다.

"우리 부대에 하이에나가 모두 20마리 있소. 한 부대에 2마리씩 배치하려면 몇 부대로 나눠 보내야 합니까?"

"그야 20을 2로 나누면 되지요. 그러니까 답이 10이 나오는군요. 내일 당장 10군데 부대로 2마리씩 보내면 되겠어요."

$$20 \div 2 = \boxed{10} \qquad 2\overline{)20}^{\boxed{10}}$$

"역시 박사님이라 계산이 빠르시군요. 그게 좋겠습니다."

결국 하이에나 탈출 사건으로 동물 제1부대의 하이에나들은 모두 뿔뿔이 흩어져야 했답니다.

동화 속 수학

나누기와 나눗셈식

곱셈을 잘 이해했다면 나눗셈도 쉽게 할 수가 있어요.
예를 들어 알아볼까요?
복숭아가 8개 있어요. 이것을 네 그릇에 똑같이 나누면 2개씩 담게 되지요.

이것을 뺄셈식과 나눗셈식으로 나타내면 아래와 같아요.

뺄셈식으로 했을 때 $8 - 2 - 2 - 2 - 2 = 0$

나눗셈식으로 했을 때 $8 \div 4 = 2$

곱셈과 나눗셈의 관계

$$15 \div 3 = \boxed{5} \qquad 3 \overline{)\underset{}{15}}^{\boxed{5}}$$

몫

나눗셈 계산을 해서 나온 답을 '몫'이라고 하지요.
곱셈과 나눗셈은 서로 관계가 깊어요. 곱셈식을 보고 나눗셈식을 만들 수 있고, 반대로 나눗셈식을 보고 곱셈식을 만들 수도 있어요.

$2 \times 9 = 18$

$4 \times 8 = 32$

$7 \times 7 = 49$

곱셈식

$18 \div 2 = 9$
$18 \div 9 = 2$

$32 \div 4 = 8$
$32 \div 8 = 4$

$49 \div 7 = 7$

나눗셈식

플러스 상식

빠져나올 수 없는 미로도 있을까?

미로는 아주 오랜 옛날부터 보물을 숨기거나 적으로부터 도망치기 위해 만든 길이에요.
미로는 복잡한 길이기는 하지만 빠져나올 수 없는 미로는 없어요. 스위스의 수학자 오일러가 이것을 증명했지요.
이것을 '벽 타기 방법'이라고 부르는데 '벽을 타고 계속 따라가면 반드시 출구로 나갈 수 있다.'라는 뜻에서 붙여진 이름이에요.
방법은 다음과 같아요. 왼손을 미로의 벽에 댄 채 계속해서 걸어가요. 가다 보면 다시 처음 지점으로 되돌아올 수 있지요. 포기하지 말고 계속 왼손을 벽에 댄 채 따라가면 옆의 그림처럼 왔던 길을 거꾸로 가게 되니까 출구로 나갈 수 있는 것이지요.

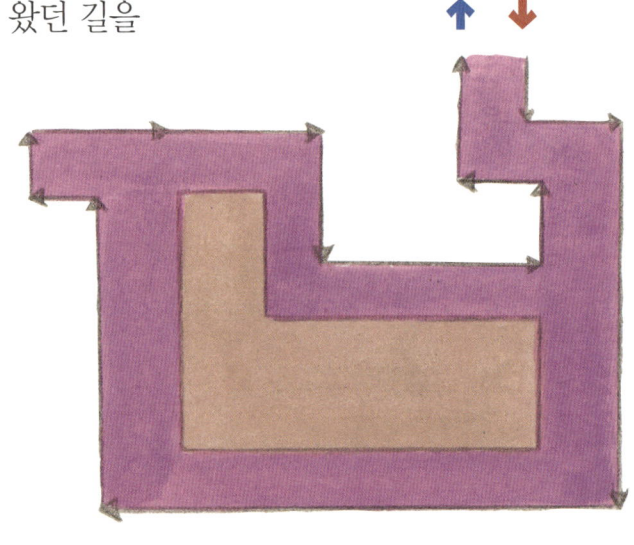

수학 퀴즈

긴 막대 2개, 짧은 막대 4개가 있어요.
긴 막대는 짧은 막대 길이의 두 배지요.
이 막대 6개 전부를 가지고 정사각형 2개를
만들 수 있어요. 막대를 잘 활용해서
만들어 보세요.

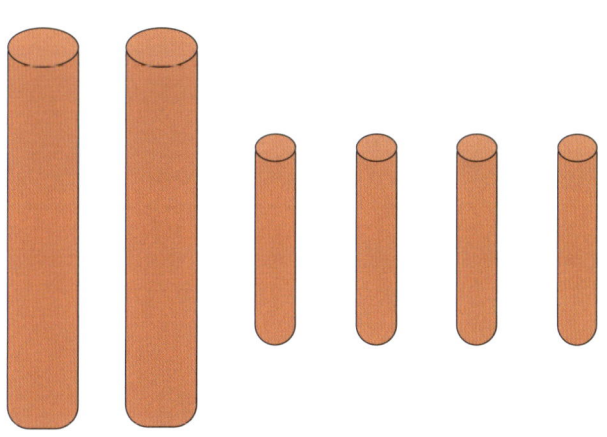

막대 6개로
정사각형 2개를
만든다고?

● 정답은 157쪽에 있어요

13 쪽 정답 : 100점짜리 2번, 10점짜리 2번, 1점짜리 1번

백의 자리, 십의 자리, 일의 자리의 자릿값을 이용하면 정답을 알 수 있어요. 221점은, 백의 자리 숫자가 '2', 십의 자리 숫자가 '2', 일의 자리 숫자가 '1'이에요.

따라서 돌이는 100점짜리 과녁에 2번, 10점짜리 과녁에 2번, 1점짜리 과녁에 1번 화살을 맞힌 것이지요.

23 쪽 정답 : 5개

35쪽   정답 : 1미터짜리 통나무 1개와 50센티미터짜리 통나무 1개

병사들이 숲에 가서 5미터짜리 통나무 1개, 1미터짜리 통나무 2개, 50센티미터짜리 통나무 3개를 가져왔어요.

우선 5미터짜리 통나무 1개와 1미터짜리 통나무 2개를 연결해요.

5m+2m=7m

그리고 50센티미터짜리 통나무 3개를 연결하면 다음과 같아요.

50cm+50cm+50cm=150cm=1m 50cm

이제 병사들이 가져온 통나무를 모두 연결해요.

```
   7m
+ 1m 50cm
─────────
  8m 50cm
```

강의 폭이 10미터라고 했으므로, 강의 폭에서 지금까지 연결된 통나무 다리 길이를 빼면 모자란 길이가 얼마인지 알 수 있어요.

```
   10m              10m (9/100)
− 8m 50cm    →   − 8m 50cm
─────────          ─────────
                    1m 50cm
```

따라서 1미터짜리 통나무 1개와 50센티미터짜리 통나무 1개를 더 가져와야 해요. 하지만 실제로는 강의 폭보다 좀 더 길어야 다리를 걸쳐 놓을 수 있겠지요?

47쪽

정답 : ① 20, ② 28

문제의 수 피라미드는 아래의 두 수를 더하는 것이 규칙이에요.
아래부터 덧셈을 해 보면, 3+5=8, 5+7=12, 7+9=16이 되지요.
그러므로 빈칸의 두 수도 그 아래의 수를 더하면 돼요.
① 8+12=20   ② 12+16=28

59쪽

정답 : (1) 2012년 8월 17일 금요일   (2) 4시 30분

송이 생일은 지후 아빠의 생일로부터 꼭 일주일 뒤라고 했어요.
그런데 지후 아빠의 생일은 8월 10일 금요일이에요.
일주일은 7일을 뜻하므로, 지후 아빠의 생일에 7일을 더하면,
송이 생일은 17일이 돼요.

생일 파티가 열리는 시각은 시침과 분침을
보면 알 수 있어요.
시침이 4를 조금 지나 있으므로, 4시예요.
분침이 6을 가리키고 있을 때는 30분이 되므로,
생일 파티가 열리는 시각은 4시 30분이에요.
4시 반이라고도 하지요.

71 쪽   정답 :

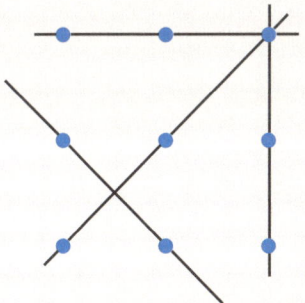

이 밖에도 다양한 방법이 있으니, 꼭 이대로 그리지 않아도 돼요.

85 쪽   정답 : (1) 6토막   (2) 50분

(1) 5미터가 6개 있어야 30미터가 되므로 5×6=30,

155

답은 6토막이에요.

(2) 나무토막이 6개이고, 한 토막을 자르는 데 10분이 걸리니 60분이라고 생각하기 쉬워요. 하지만 나무를 6토막 내려면 5번만 자르면 되니까 10×5=50, 모두 50분이 걸려요.

97쪽 정답 : ㉮5개 ㉯5개 ㉰4개 ㉱1개

빨간 줄 : 3+2+☐=10, ☐=5

파란 줄 : 3+☐+2=10, ☐=5

녹색 줄 : 2+☐+4=10, ☐=4

노란 줄 : 5+☐+4=10, ☐=1

107쪽 정답 : ⑤번 컵의 물을 ②번 컵에 부으면 돼요.

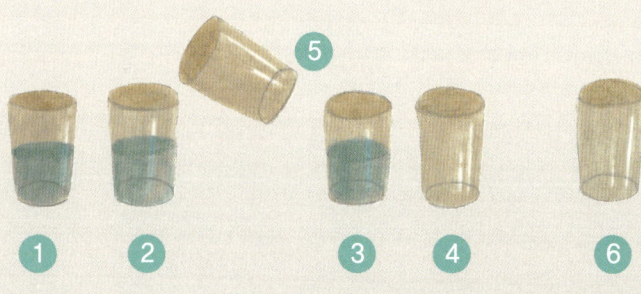

117쪽 정답 : ②

색종이를 펼치면 흰색 부분이
잘려 나간 오른쪽 모양이 돼요.

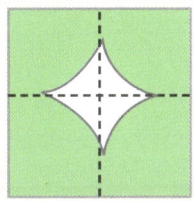

129쪽 정답 : 44

덧셈과 뺄셈이 함께 있으니 앞에서부터 차례로 계산해야 해요.

$$136 + 30 = 166 \rightarrow 166 - 28 = 138 \rightarrow 138 - 129 = 9 \rightarrow 35 + 9 = 44$$

139쪽 정답 : 4+3=7, 5−3=2, 5+8=13, 12−6=6, 16−3=13, 16−11=5, 17−11=6, 17−15=2

151쪽 정답 :

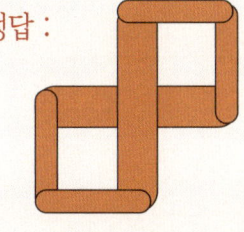

긴 막대 2개를 가운데에
+(십자)로 놓고 양쪽으로
사각형을 만들면 돼요.

157

2학년 스토리텔링
수학동화

2012년 8월20일 2판1쇄 발행 | 2021년 12월30일 2판8쇄 발행

글 | 우리기획   그림 | 박현아
펴낸이 | 나춘호   펴낸곳 | (주)예림당   등록 | 제2103-000041호
주소 | 서울시 성동구 아차산로 153 예림출판문화센터
구매 문의 전화 | 561-9007   팩스 | 562-9007
책 내용 문의 전화 | 3404-9220
http://www.yearim.kr

출판콘텐츠개발본부 이사 | 백광균
책임 개발 | 전윤경 / 서인하   디자인 / 이정애 / 손희재   국제 업무 | 김대원 / 최고은 김혜진
제작 | 정병문 / 신상덕 곽종수 홍예솔   홍보 마케팅 | 박일성
전략 마케팅 | 채청용 / 김희석 임상호 전훈승 / 전기남 최순예 김종석 전주환
김충원 안민혁 오혜민 진혜숙 박가영 한수현 전다미

ⓒ 2012 예림당
ISBN 978-89-302-0295-4 74410
ISBN 978-89-302-0297-8 74410 (세트)

*이 책은 저작권법에 따라 보호받는 저작물이므로 무단 전재와 무단 복제를 금합니다.
 이 책의 표지 이미지나 내용 일부를 사용하려면 반드시 (주)예림당의 서면 동의를 받아야 합니다.

어린이제품 안전특별법에 의한 제품 표시사항

제품명 | 도서   제조자명 | (주)예림당   제조국명 | 대한민국   전화번호 | 02)566-1004
주소 | 서울시 성동구 아차산로 153   제조년월 | 발행일 참조   사용연령 | 8세 이상

주의! 책의 모서리가 날카로우니, 던지거나 떨어뜨려 다치지 않도록 주의하세요.